真宗文庫

親鸞の教化

—和語聖教の世界—

一楽　真

JN219516

東本願寺出版

もくじ

本書は、二〇一一年に真宗大谷派（東本願寺）の「宗祖親鸞聖人七百五十回御遠忌」を記念して出版された『シリーズ親鸞』全十巻（筑摩書房刊）より、第五巻『親鸞の教化《きょうけ》─和語聖教の世界』を文庫化したものです。

凡例

＊本文中、史資料の引用については、基本的に東本願寺出版（真宗大谷派宗務所出版部）発行『真宗聖典』を使用した。

＊『真宗聖典』収録以外の引用については、『真宗聖教全書』（大八木興文堂）、『親鸞聖人行実』（真宗大谷派教学研究所編）、『日本思想大系』『日本古典文学大系』（岩波書店）、『真宗史料集成』（同朋舎出版）などに依拠した。

＊本書の引用文については、読みやすさを考慮して、漢文を書き下し文に、文字の一部をかなに改め、新字新かなを用いた。また、適宜ルビを施した。

はじめに

本書に与えられた課題は「親鸞の教化《きょうけ》」である。親鸞における教化を「和語聖教」、つまり親鸞の和文の著作を通して尋ねていこうとするものである。ただ、最初に確認しておく大切なことがある。それは、一般に教化といえば、「きょうか」と読み、人間が行うものと考えられるであろう。その意味では、親鸞の教化と言えば、親鸞が人々をどのように教化したか、ということが主題となるに違いない。ところが、親鸞の場合、教化の主語は基本的に仏である。如来である。如来によって衆生が教化される、これが親鸞の立脚点である。読み方も「きょうけ」と訓じられる。もちろんこれは伝統的な仏教語の読み方を踏襲したものであり、読み方の違いだけで主語が変化するというわけではない。ただ、親鸞において「教化」とは、親鸞自身が如来の教化を受けるというのが基本的立場であることを確かめておかねばならない。

では、親鸞において教化ということは成り立たないのか。「親鸞の教化」という言い方自体がはじめから矛盾しているのか。と言うと、そうではない。親鸞にとって教化ということは大きな課題であった。たくさんの人々との関わりはすべて教化ということが課題になっていたからであるし、多くの著作を書き記したのも教化の課題があったからである。ただ、その場合も、如来の教化にあずかった者として何を他に伝えていくかという観点から見ていく必要があると私は思う。これが親鸞における教化ということを考える際に、まず押さえておくべき一点である。結論めいた言い方を初めにしすぎたかもしれないが、このあたりの問題を序章においてまずはときほぐしておきたい。その上で、親鸞が和語で書き表した『唯信鈔文意』や『一念多念文意』、あるいは『浄土和讃』『高僧和讃』『正像末和讃』、さらには『消息』などの聖教を見ていきたい。親鸞が何を語りかけているかを尋ねていきたい。そこから親鸞の人々との関わりがきっと浮かび上がってくるに違いない。

序章　親鸞にとっての教化

一　仏の教化と衆生の聞思

本願に帰す

親鸞にとっての教化を考える場合、まず押さえておかなければならないのは、親鸞自身がどのような教化を受けたかということである。覚如の『親鸞伝絵』によれば、親鸞は九歳の春に仏門に入り、天台宗の教えに縁を結んでいる。ただ、そこでの学びがそのまま仏道を完成するには至らなかったことはよく知られている通りである。親鸞の妻であった恵信尼が娘にあてて書いた手紙が残されているが、その『恵信尼消息』には、「山を出《い》でて」とある。つまり、比叡の山を出たのである。山を出た後に、六角堂での百日の参籠をへて、親鸞は法然上人との出遇いを果たしたのである。浄土の教えを掲げ、ただ念仏に生きる親鸞の原点が、この法然上人との値遇《ちぐう》にある。

親鸞は自らの身の上に起こったことについて直接に語ることはきわめて少ない。特に後世に遺すことを想定した書物には、書き記すことを避けたとすら思われるほどである。しかし、法然との出遇いについては、親鸞の主著である『顕浄土真実教行証文類』（『教行信証』）において明確に記されている。

しかるに愚禿釈の鸞、建仁辛《けんにんかのと》の酉《とり》の暦《れき》、雑行を棄てて本願に帰す。

「建仁辛の酉」は西暦では一二〇一年であり、親鸞が二十九歳のときである。ここでは法然と出遇ったとは書かずに、その出遇いの内容を確かめるように、「雑行を棄てて本願に帰す」と書かれている。法然との出遇いが本願に帰すという新たな生き方を親鸞に与えたことがわかる。

興味深いのは、「雑行」という言葉に対応するのは「正行」であるにもかかわらず、「雑行を棄てて正行に帰す」とは言われていないことである。あるいはまた、往生浄土の行として読誦・観察・礼拝・称名・讃嘆供養という五つの正行がある中で、称名が中心とされていたことを考えれば、「雑行を棄てて称名に帰す」とあっても不思議ではない。しかし、そうとも書かれない。もしそのように書くと誤解されることを危惧したからであると私は思う。その誤解とは、迷いを超えるための多くの行の中から念仏一つを選んだように見えてしまうということである。親鸞にとって法然との出遇いは、迷いを超えるための新しい行として念仏を教えられたというようなことではない。自らが修行に励めば迷いを超えられるという発想そのものが問い返される体験だったのである。

そこには自分がどのような者であるのか、という人間観の転換がある。

『歎異抄』の第二条が伝える親鸞の言葉に依るならば、修行に励むことを支えるのは「仏になるべかりける身」、すなわち、仏になることができる我が身という人間観である。仏になることができると思えばこそ、厳しい行に耐えることも成り立つ。しかし、どれだけ修行を重ねれば良いのかが本当は誰にもわからない。それどころか、励んでいる修行が果たして迷いを超える方向に向いているかどうかさえもわからない。比叡山時代の親鸞は、自らの修学が仏道と言えるのかという疑問を禁じえなかったに違いない。これに対する「いずれの行もおよびがたき身」という『歎異抄』の言葉は、他と比べて能力が劣っているという意味ではない。また修行できない弱い人間だという告白でもない。それは「愚身」とも語られるように、どんな行に励もうとも、迷いを超えることができない我が身の事実に気づかされた言葉である。ここに「雑行を棄てて本願に帰す」という表現の大切さが見えてくる。迷いを超えるための行を何か一つ選ぶというようなことではない。どんな行によっても迷いを超えられないという愚かな我が身に立って、阿弥陀仏の本願を拠り所として生きていくという宣言がここにはある。

招喚の勅命

元来、仏教は苦悩からの解脱を目標に掲げている。その苦悩は、人間がさまざまな関係を生きていることを考えたとき、決して個人的なことにはとどまらない。苦しみ悩むのは一人ひとりであって、誰とも代わることはできないが、関係の中で苦しみ悩んでいるのである。たとえば、死は自分の身に起こる問題であるが、人と別れ、この世と別れていくという問題でもある。また他人と比べて「まだ私は若いのに……」と思うことも起きる。場合によっては元気な人を見ただけで妬《ねた》みの心すら湧いてくる。このように関係の中で自ら悩み、他人を傷つけることにもなるのが我々の苦悩である。「愚身」という親鸞の言葉は、関係の中で傷つけ合っていくことを容易に離れられない自分自身を押さえている。自分の心がけ次第で傷つけ合うことを離れられるのであれば、自分を当てにして修行に励むことも大切だといえよう。しかし、自分を当てにすること自体が、自らを是とし他を非としていく根本である。そこから優劣、善悪を立てていくことにもなる。たとえ傷つけ合うことを離れることを求めているつもりでも、結果としては新たな争いを生んでいくのである。

このような人間の愚かさを教えるものが親鸞にとっては阿弥陀仏の本願であった。愚かさを抱えているからこそ、阿弥陀仏の本願に導かれることの大切さを教えられたのである。「本願に帰す」、この新たな生き方が始まったのが法然との出遇いであった。そして、この本願に帰すという生き方は、親鸞にとってはゴールではなく常に出発点であった。それは晩年に至るまで自らを「愚」と名のり続けたことにもよくうかがえる。

親鸞は阿弥陀仏の本願のはたらきを「招喚の勅命」と呼んでいる。「我が国に生まれんと欲《おも》え」と十方衆生を招き喚《よ》ぶ声の謂《いい》である。「勅命」とはもともと国王の命令を意味するが、親鸞にとっては、国の皇帝の命令よりも重い絶対的命令を表していると思われる。この意味で「本願に帰す」という言葉は、如来が「我が国に生まれんと欲え」と衆生を招喚する命令にしたがおうとする意思の表明である。言い換えるならば、如来が招喚する声に導かれなくてはならない自分であるという確認である。「教化」という問題と重ねて言えば、如来の教化を受け、如来に導かれる者という自らの立脚点が明確になった言葉である。

では、我々衆生の側には何の仕事もないのかと言うと、そうではない。『教行信証』の序にある「聞思《もんし》して遅慮《ちりよ》することなかれ」という親鸞の言葉は、我々が果たすべきことを端的に示している。如来が招喚する声を聞思していくこと、ここに我々の仕事がある。聞思とは聞くことに加えてよく思量し確かめていくことである。現実の問題を抱えて生きる者にとって、「我が国に生まれんと欲え」という如来の声はどのように関わってくるのか。現代社会の中で如来の声に導かれて生きるとは、具体的にどのようなことなのか。これを自分自身の上で確かめていくことである。

事実、親鸞は聞思の人であった。自分がどのような教化を受け、それがどのような意味を有しているかを当時の世の中に身をおいて確かめていった人である。その意味では、遺された著作のすべてが親鸞の聞思のいとなみであると言ってよい。そのいとなみを見る時、親鸞における教化はおのずとはっきりしてくるに違いない。

二　教えを聞く者として生きた親鸞

「弟子一人ももたず」

聖人は御同朋・御同行とこそかしずきておおせられけり。（蓮如『御文』一）

これは親鸞の姿勢を仰いだ蓮如が語った言葉である。現在でも真宗門徒の口からは「御同朋・御同行」とよく聞かれるが、同じ教えに縁をもった仲間を尊敬を込めて呼ぶ語である。元になっているのは『歎異抄』第六条が伝える次の一句である。

親鸞は弟子一人ももたずそうろう。

『歎異抄』は親鸞滅後二十五年が過ぎたころに、親鸞の教えが見失われていくことを歎いて書かれたものである。作者名はないが、面授の門弟であった唯円であろうということがほぼ定説となっている。そこには、せっかく親鸞の教えに遇いながら、教えに背いていく有様が記されている。右の言葉は第六条に出るが、同じ専修念仏の仲間の中で、弟子をめぐって誰の弟子であるかという言い争いが起こっていたことがうかがえる。その争いに対して、今はなき親鸞が直接に語りかけてくるかのような言葉となっている。

わがはからいにて、ひとに念仏をもうさせそうらわばこそ、弟子にてもそうらわめ。ひとえに弥陀の御もよおしにあずかって、念仏もうしそうろうひとを、わが弟子ともうすこと、きわめたる荒涼のことなり。

念仏もうす人が誕生するのは弥陀の御もよおしによる。つまり、如来の教化、はたらきかけによるのである。わがはからいをもって人に念仏もうさせることはできない。親鸞はそう言っている。たとえ自分に縁のあった人が念仏もうすようになったとしても、それは自分が念仏させたのではない。だから「弟子一人ももたず」なのであり、どこまでも「御同朋・御同行」なのである。ここには自分が師の立場に立って、誰かを弟子と見ていくということが否定されている。

もちろん、親鸞は師弟関係を全否定しているのではない。自分自身が念仏の教えに出遇うことができた喜びを語る時、師である法然の恩徳を思わないことはなかったと言ってよい。ただ親鸞は、生涯、弟子の位置に自分を置いていた。教えを聞く者として生きたのである。たとえ教えを語る役割を担う場合でも、自分自身が教えを聞いていたのが親鸞という人である。しかし、その姿勢が一度もゆらがなかったというわけではない。

『恵信尼消息』にみる親鸞の最期

『恵信尼消息』には、親鸞と共に生活した恵信尼の視点からの親鸞が読み取れる。親鸞との間の末娘であった覚信尼にあてた手紙類で、数え方にもよるが十通ほど残されている。「消息」ということが単に私信を意味するなら「恵信尼消息」はそれに当てはまらないものが混ざっているので、「恵信尼文書」と呼ぶ方が妥当である。そこには、単に娘にあてた手紙というより、親鸞という人がどのように生きたかを後世に伝えようとする願いがある。また、周囲の人にも読まれることを想定して書かれていると思われる。ここに取り上げる一通もその一つである。仮に通し番号を付すれば第五通となる。

善信の御房、寛喜《かんぎ》三年四月十四日午《うま》の時ばかりより、風邪心地《かざごこち》すこしおぼえて、その夕さりより臥《ふ》して、大事におわしますに、腰・膝をも打たせず、天性、看病人をも寄せず、ただ音もせずして臥しておわしませば、御身をさぐれば、あたたかなる事火のごとし。頭《かしら》のうたせ給う事もなのめならず。

この消息の末尾には「弘長《こうちょう》三年二月十日」という日付がある。実はこの前年、すなわち弘長二年十一月二十八日に親鸞が九十歳で亡くなっている。そのことを娘の覚信尼が母に知らせる手紙を恵信尼は十二月二十日すぎに受け取っている。その手紙に対する返事である。ところが、この手紙は第三通、第四通とともに書かれた一連のものと思われる。その初めに当たる第三通の冒頭は、以下のような言葉から始まっている。

昨年《こぞ》の十二月一日の御文、同二十日あまりに、たしかに見候いぬ。何よりも、殿の御往生、中々、はじめて申すにおよばず候う。

少し唐突な感じがしないであろうか。一般的に考えれば、親鸞の最期を看取り、さまざまな手配もしたであろう娘に対し、母からのねぎらいの言葉があってもおかしくはない。しかし、ここには親鸞の死を知らせる手紙を確かに見たという一文があるだけで、次には「何よりも、殿の御往生、中々、はじめて申すにおよばず候う」と続いていく。つまり親鸞の往生が今更もうすまでもなく、確かなことであるという一文から展開していくのである。これは推測でしかないが、覚信尼から恵信尼に届いた手紙の中には、親鸞が間違いなく往生を遂げたのであろうかという疑義が呈されていたのではないか。また、その疑義は覚信尼一人のものではなく、親鸞の死を看取った周囲の人にもあったものではなかろうか。恵信尼はその疑義に対してどう応答するか熟慮したのではないか。その上で、親鸞という人がどのように生きた人であったかを伝えるための言葉を認めた。娘の手紙を受け取ってから返書を出すまでにかなりの日数が経ていることを考えても、二月十日付の手紙は、そのようにして書かれたと私には思われるのである。

寛喜の内省

第五通にもどりたい。寛喜三年というのは親鸞が五十九歳の時である。四月十四日（この日付は後の手紙において恵信尼自身が訂正しているが、今はここの記述にしたがっておく）から風邪のために発熱し、それが尋常ではなかったことがうかがえる。そして親鸞が床に臥しながら『仏説無量寿経』（『大経』）をそらんじていたことがわかる。

臥して四日と申すあか月、苦しきに、「今《ま》はさてあらん」と仰せらるれば、「何事ぞ、たわごととかや申す事か」と申せば、「たわごとにてもなし。臥して二日と申す日より、『大経』を読む事、ひまもなし。たまたま目をふさげば、経の文字《もんじ》の一字も残らず、きらきかに、つぶさに見ゆる也。……」

苦しい中に「今《ま》はさてあらん」と親鸞は言った。「今《ま》はさてあらん」とは「今は然してあらん」の意であると思われるが、「今はそうしておこう」あるいは「今はそうであろう」という意味になろう。そばにいた恵信尼にはたわごとに聞こえたので、「何事ぞ、たわごととかや申す事か」と訊き返した。つまり、熱にうなされて、たわごとを言われたのかと問いただしたのである。それに対して親鸞は、臥して二日目から『大経』をたえまなく読んでいること、そして経の文字が頭に浮んできて、一字も残らずはっきりと見えるということを述べた。

風邪の熱にうなされる中で、経典の文字が浮んでくるということは、親鸞がどれほど経を読誦していたかを物語るエピソードである。しかし、この手紙の主題はそこにはない。なぜこのようなことが自分に起こるのかを自問していく親鸞に主眼がおかれている。このエピソードが年号を取って「寛喜の内省」と称される所以である。親鸞の言葉は続く。

「……さて、これこそ心得ぬ事なれ。念仏の信心より外には、何事か心にかかるべきと思いて、よくよく案じてみれば、この十七八年がそのかみ、げにげにしく『三部経』を千部読みて、衆生利益《すぞうりやく》のためにとて、読みはじめてありしを、これは何事ぞ、自信教人信《じしんきょうにんしん》、難中転更難《なんちゅうてんきょうなん》とて、身ずから信じ、人をおしえて信ぜしむる事、まことの仏恩を報《むく》いたてまつるものと信じながら、名号の他には、何事の不足にて、必ず経を読まんとするやと、思いかえして、読まざりしことの、さればなおも少し残るところのありけるや。人の執心、自力の心は、よくよく思慮あるべしと思いなして後は、経読むことは止《とどま》りぬ。……」

三部経千部読誦

「念仏の信心」に親鸞が立ったのは二十九歳の時のことであった。しかし、ここには念仏の信心以外に心にかかることが現われてきている。その元をよく考えてみると、これより十七、八年前に三部経を千回読もうと思い立ったことがあるという（実際には十七年前の建保二年、親鸞四十二歳の出来事であった）。その時に、名号の他に何事の不足があって経を読もうとするのかと思い返して三部経の千部読誦を中止したという。平雅行氏が指摘しているように（「若き日の親鸞」『真宗教学研究』第二十六号所収、二〇〇五年）、建保二年は天候不順のため干ばつに苦しむ民衆を親鸞は目の当たりにしていた。そしてまた、親鸞が病で倒れる寛喜三年も前年からの冷害によって深刻な飢饉が起こっていた。飢饉に苦しむ人々を前にして親鸞は、病にうなされる中で再び経文が頭に浮かんでくるのである。

今、注意したいのは、そこまでの思いを抱えて始めた三部経千部読誦をなぜ親鸞は中止したのかということである。教義的に正しくないから控えようというようなことではなかろう。それなら初めから衆生利益のために三部経を読むことなどしないだろう。また、衆生利益など不可能であると投げ出したわけでもなかろう。私は念仏者としてのゆらぎが親鸞においてもあったと考える。それは、愚かな我が身であるという自己把握についてのゆらぎである。師法然との出遇いにより、阿弥陀仏の本願によってのみ傷つけ合う在り方を超え得ることを教えられた親鸞であった。それはどこまでも本願によってたすけられなければならない自分に気がついたことであった。ところが、三部経の千部読誦を思い立った時の親鸞は、経の力を借りてとはいえ、自分がたすける者の側に立っていたのである。

「身ずから信じ、人をおしえて信ぜしむる事」という言葉は、本願によってたすけられていくことを自らも信じ人にも教えていくことが自らの仕事であったと改めて確かめた言葉である。飢饉という現実をかかえ、人間が真にたすかっていく道は阿弥陀仏の本願に依るほかないことを見定めた言葉である。決して衆生利益を諦めたのでなく、ましてや投げ出したわけでもない。衆生利益は如来の仕事であることがはっきりしたのである。ここに親鸞はともに念仏する者としての立脚点に帰った。これが四十二歳の三部経千部読誦の中止である。

ところが、それから十七年の後、前年からの冷害による飢饉を前にした時、病の床に伏せる中で親鸞に再び経を読誦しようとする心が起こってくる。それを親鸞は「人の執心、自力の心」と言っている。自分自身が教えに導かれていかねばならないにもかかわらず、自らの力を当てにし、人をたすけられるかのような思いに執われていく。そんな自分であることを改めて確かめたのが五十九歳の親鸞である。一見すると、いくつになっても何も変わっていないという印象を受けるかもしれない。聞法を重ねても詮がないと感ずるかもしれない。しかし、厳しい現実の問題と対峙する中で、何の戸惑いも抱かない方が不自然である。大切なのは、戸惑いを通して何に依って生きるかがいよいよ明らかになることである。

すでに述べたように親鸞にとって法然との出遇いは決定的な出来事であった。それは一つには自らの修行によって迷いを超えることはできない我が身に対する目覚めであった。もう一つは、そのような我が身が阿弥陀仏によって迷いを超えていける道があったことを見出したことであった。これは生涯を貫くほどの大きな発見であった。しかし、その出遇いがあったからといって、二十九歳以降、一度も迷わなかったということを意味しない。三部経千部読誦の中止は、衆生利益についてのゆらぎがあったことを物語っている。そのゆらぎを通して、いよいよ自らの立脚地を確かめていったのが親鸞である。恵信尼の手紙からはそういう親鸞が見えてくる。教えを聞くことを中心に据えて現実の問題に関わり、また現実の問題を契機として教えに尋ねていった、そんな親鸞の姿が見える。その聞思の姿こそ、恵信尼をはじめとして、親鸞に縁をもった者にとっては、何よりの教えであったと思う。仏の教えを聞いて生きるということがいかなることであるかを、親鸞自身が生き方を通して具体的に示したのである。

三　教えを受けた者の使命

「顕浄土」の課題

前節では、親鸞が教えを聞く者として生きたことを見てきたが、それが周りとの関わりの中で、どのような形をとっていったのかを次に尋ねたい。

親鸞の果たした仕事という時に、まずは『教行信証』という大きな著述が注目される。詳細は寺川俊昭氏の『親鸞の仏道―『教行信証』の世界』（東本願寺出版）にあるが、『教行信証』の詳しい題名は「顕浄土真実教行証文類」という。この題には、親鸞が「浄土の真実の教行証を顕らかにする」という課題、もっと言えば「浄土として真実の仏道を顕らかにする」という課題が示されている。今それを「顕浄土」という一句に集約しておきたいが、親鸞が「顕浄土」という課題をもった一番の根底には、親鸞自身が法然との出遇いを通して真実の仏道である浄土の教えに値遇したということがある。言い換えれば、それまで縁を結んでいた仏道は真実たり得なかったということである。この意味で親鸞と法然との出遇いは決して個人的なことにはとどまらない。真実の仏道が顕らかになったという出来事であった。それ故に、親鸞は法然との出遇いを通して、法然の背景に法然を生み出す浄土の仏教の歴史を仰いだのである。『教行信証』の序においてはそれが、

ここに愚禿釈の親鸞、慶《よろこ》ばしいかな、西蕃《せいばん》・月支《がっし》の聖典《しょうでん》、東夏・日域の師釈、遇いがたくして今遇うことを得たり。聞きがたくしてすでに聞くことを得たり。真宗の教行証を敬信《きょうしん》して、特に《こと》如来の恩徳の深きことを知りぬ。ここをもって、聞くところを慶び、獲るところを嘆ずるなりと。

と感動をもって語られている。インドから中央アジアを経て、中国にわたり日本にまで伝わってきた仏教、その中にあって何が真に拠るべき「真宗」である

かを明らかにしてきた歴史がある。それはまた真宗に生きてきた先人の歴史でもある。先人が苦労をし、歴史をかけて伝えてきた仕事に遇いえたことは、単に個人的な喜びには終わらない。自らが遇いえた世界を次の世代、更には遠い未来にまで伝えていきたいという願いになるのである。その願いが親鸞の『教行信証』を貫いている。この意味で『教行信証』は「知恩報徳の書」と言うことができる。

承元の法難と『教行信証』

教えを聞くということは、聞いたということのみにとどまらない。聞いた者としての責任を負うのである。教えを受けたという感動は、その教えの大事さを思えば思うほど大きい。歴史の長さを感ずれば感ずるほど、未来にまで伝えることの重さを知ることになる。『教行信証』は、その歴史的な事業の一翼を担うものであった。特に親鸞における『教行信証』の撰述については「承元の法難」と呼ばれる専修念仏弾圧を外して考えることはできない。歴史に関して「もし」と言うことは控えなければならないが、もし承元の法難がなければ『教行信証』が書かれることはなかったと思う。それは『教行信証』末尾に置かれる、いわゆる「後序」の文がそれをよく物語っている。今は簡単に触れるにとどめたいが、「後序」には大きく四つの出来事が記されている。一つには専修念仏《せんじゆねんぶつ》弾圧の事実、二つには法然上人の入滅、三つには親鸞自身が本願に帰したこと、四つには法然から『選択本願念仏集』(『選択集』)と肖像画の書写を許されたことである。今、当時の親鸞の年齢を当ててみると、次のようになる。

専修念仏弾圧　　三十五歳
法然の入滅　　四十歳
帰本願　　二十九歳
選択集書写　　三十三歳

一見して分かる通り、年代順には並んでいない。もし単に過去のことを記録しておくためだけならば、過去から現在に至るか、現在から過去に遡るかの違いはあっても、年代順に書かれるのが普通であろう。ここには明確な意図があって、このような順序になっていると考えた方がよかろう。それは、これらを結んで「仍《よ》って悲喜の涙を抑えて由来の縁を註《しる》す」と親鸞自身が述べるように、親鸞が『教行信証』を書くことの「由来」を明らかにするためである。この視点で「後序」を読み通すならば、法然によって明らかとなった専修念仏が弾圧を受けたことは、親鸞にとっては唯一の生きた仏教が毀滅《きめつ》するという危機であったに違いない。しかも、専修念仏を掲げた師法然はすでにこの世を去っている。しかしながら、自分は法然との出遇いを通して阿弥陀仏の本願に帰することができたのみならず、法然から『選択集』と肖像画の書写まで許された。いわば、後事を師から託されたのである。これが「由来の縁を註す」という、自らが筆を執る事由を語る言葉なのである。とすれば、『教行信証』は同門の仲間に対して書かれたものでは決してない。かえって、専修念仏に弾圧を加えた仏教者にも読ませようとするものである。四六騈儷体《しろくべんれいたい》と言われる漢文で書かれているというのは、何より、そのことを物語っている。公けの書物として当時の形に調える必要があればこそ、漢文を用いたのである。また作者名として記されている「愚禿釈親鸞」という名前も、仏弟子であることを宣明する名のりである。その意味で、法然によって明らかにされた仏教の大事さを未来にまで伝えようとする書物である。教えを受けた仏弟子としての使命をもって著されたのである。この意味で、『教行信証』が親鸞における教化という意味では措くことのできない大きな仕事であることはもちろんである。

ただ、この巻では『教行信証』以外の著述の中、特に和語で書かれた書物がどんな課題をもっているかを尋ねていく。そこには、親鸞が身近な同朋とどのような交わりをもっていたかをうかがえると思うからである。次の章からそれらの書物を見ていきたいが、それに先立って序章の最後に、親鸞が書いた名号について触れておきたい。なぜなら、『教行信証』が言葉を尽くして書かれた最も詳しい書物だとすれば、名号は最も簡潔な一句をもってあらわされたものだからである。その名号を書きのこした親鸞の意図を尋ねることは、親鸞の教化に対する願いを見定めることにつながると思われる。

四　親鸞と名号

親鸞自筆名号

親鸞自筆の名号は現在七幅が確認されている（『真宗重宝聚英』第一巻の解説を参照）。

一　帰命尽十方無碍光如来（名号と賛銘は親鸞真筆）　八十四歳　専修寺蔵

二　帰命尽十方無碍光如来（名号と賛銘は親鸞真筆）　八十四歳　妙源寺蔵

三　帰命尽十方無碍光如来（名号は籠文字、賛銘は親鸞真筆）　八十三歳　専修寺蔵

四　帰命尽十方無碍光如来（賛銘は親鸞真筆）　八十三歳頃　専修寺蔵

五　南無尽十方無碍光如来（名号は親鸞真筆、賛銘なし）
八十四歳頃　専修寺蔵
六　南無不可思議光仏（名号と賛銘は親鸞真筆）
八十四歳　専修寺蔵
七　南無阿弥陀仏（名号と賛銘は親鸞真筆）
八十四歳　西本願寺蔵

いずれも八十歳を過ぎてからのものであり、いつ頃から名号を書き始めたかは明らかにはできない。ただ、親鸞が自らのために書いたとは考えにくく、門弟の求めに応じて与えられたものと見ることができる。特徴的なことは、十字の名号である「帰命尽十方無碍光如来」が多いことと、ほとんどに賛銘が付されていることである。

後に本願寺を建てた覚如は『改邪鈔《がいじやしょう》』において次のように述べている。

本尊なおもて『観経』所説の十三定善《じょうぜん》の第八の像観よりいでたる丈六八《じょうろくはっ》尺随機現《しゃくずいきげん》の形像《ぎょうぞう》をば、祖師あながち御庶幾御依用《ごそきごえよう》にあらず。天親論主の礼拝門の論文《ろんもん》、すなわち「帰命尽十方無碍光如来」をもって、真宗の御本尊とあがめましましき。

ここには、親鸞が「丈六八尺」という阿弥陀仏の形像をもちいることなく、天親論主の「帰命尽十方無碍光如来」をもって「真宗の御本尊」としたことが押さえられている。『改邪鈔』という書物が親鸞滅後七十五年を経ていること、そして本願寺を中心として教団を束ねていこうとする意図のもとに書かれていることは承知しておく必要がある。しかしながら、親鸞が名号を本尊としてあがめていたという記述は極めて重要である。

また、同じく覚如が『口伝鈔』で、「弟子同行をあらそい、本尊聖教《しょうぎょう》をうばいとること、しかるべからざるよしの事」という一条をもうけている。そこでは、門弟を離れていく場合には「あずけわたさるるところの本尊」を返させるべきであるという意見に対して、親鸞の次の言葉を書き付けている。

本尊・聖教をとりかえすこと、はなはだ、しかるべからざることなり。そのゆえは、親鸞は弟子一人ももたず、なにごとをおしえて弟子というべきぞや。みな如来の御弟子なれば、みなともに同行なり。

ここで言われている「本尊」が名号であったと断言することはできないが、親鸞が門弟に本尊を与えていたことは間違いない。更に時代は下るが、本願寺第八代の蓮如には、次の言葉が残されている。

一　他流には、「名号よりは絵像、絵像よりは木像」と、云うなり。当流には、「木像よりはえぞう、絵像よりは名号」と、いうなり。

（『蓮如上人御一代記聞書』）

親鸞の門流においては、木像よりは絵像、絵像よりは名号を本尊としてきたことが述べられている。そして実際、蓮如は「南無阿弥陀仏」の六字名号を多くの人に本尊として書き与えていったことはよく知られている。名号本尊といえば蓮如という印象をもちやすいが、蓮如自身はその元を親鸞の教えに仰いでいるのである。

親鸞の師である法然は専修念仏を唱道し、自らも日課七万遍と伝えられるほどの念仏者であった。ただ、その法然が本尊としていたのは形像であったことが伝えられている。これは「没後起請文」（『漢語灯録』巻第十）によって知られるものであるが、自らの没後に門人の中で諍いが起こらないように、弟子の信空に黒谷の本坊や白川の本坊などとともに本尊や聖教をあらかじめ付属している。この「本尊」について「三尺の弥陀の立像　定朝」と書かれている。また、坂東の武者で法然の門弟となった津戸三郎為守に宛てた手紙には、求めに応じて仏像を開眼して送ったことが書かれている。これらのことからは、法然が形像を大切にしていたことがうかがえる。もちろんこれをもって法然と親鸞の立場が異なっているなどと言うつもりはない。ただ、親鸞が門弟に名号を本尊として与えていた事実があったことに注意をしておきたいのである。

名号——「真理の一言」

では、親鸞にとって名号はどのような意味をもっていたのか。とても簡単に言えることではないが、試みに言えば、阿弥陀如来の一人も漏らすことなく迷いを超えさせたいという願いが言葉という形をとったものである。衆生を漏らすまいという本願の表現である。この意味では「本願の名号」と言われる。つまり阿弥陀の本願が名のってきているのである。その名のりは具体的には阿弥陀をほめたたえる声を通して響いてくる。この声に勧められることにより衆生は迷いを超えていくことができるのである。この意味においては「諸仏称名」と言われる。そして本願の呼びかけはどこまでも聞きとめられるものである。この意味からは「聞其名号《もんごみようごう》」と言われる。また言葉にまでなったことによって、言葉によって縛られ苦悩している者を解放することになる。このはたらきは「破闇満願《はあんまんがん》」と呼ばれ、与えられる利益は「無上の功徳」と言われる。今、いくつかの視点から名号を見たが、視点をどこに置くかで様々な意味をもって立ち上がってくる。ただ、その元にあるのは、誰もが平等に迷いを超えていく道が一言において表現されているということである。「真理の一言」（『教行信証』「行巻」）とも言われるように、親鸞にとって名号は、衆生が迷いを超える根本の一言であった。これは『教行信証』「真仏土巻」の末尾において、経典とならんで天親の言葉をもって「真仏」を押さえていることにもうかがえる。

真仏と言うは、『大経』には「無辺光仏・無碍光仏」と言《のたま》えり。また「諸仏中の王なり、光明中の極尊なり」と言えり。已上『論』には「帰命尽十方無碍光如来」と曰《い》えるなり。

「真仏土巻」の最後に「真仏」とは何かを再度確かめる際に、親鸞は『大経』と『大阿弥陀経』の教説の中から、光としての仏を挙げている。そして続いて「帰命尽十方無碍光如来」をもって「真仏」を押さえているのである。「真仏」

を語るのに、「帰命」が付されているのを奇異に感ずる人もあるかもしれない。仏の名前を挙げるのならば「尽十方無碍光如来」とある方が分かりやすいかもしれない。しかし親鸞にとって「真仏」は「帰命」抜きにはあり得ない。なぜなら、仏は仏として仰ぐこと抜きにしては存在しないからである。「帰命」する者があってこその「真仏」、親鸞の押さえはそのことを語っていると思われる。

仏からのよびかけ

このように見てくれば、名号を本尊として与えるということは、親鸞にとっては至極当然の行いであったのではなかろうか。阿弥陀仏の教えに出遇うことができた者にとっては、名号が日々の生活の原点になる。また、未だ教えに出遇うことができていない者にとっては、阿弥陀の世界に触れる手がかりとなる。名号を根本として人々に阿弥陀仏を中心として生きることを勧めていった親鸞が感じられる。その際に、親鸞は名号の上下の紙に銘文を付している。内容を概観すれば、『大無量寿経』の第十八・十一願文、第十二・十三願文、第十七願文、「重誓偈」の十二句、「往覲偈《おうごん》」の四句、「必得超絶去《ひっとくちょうぜっこ》」以下の八句、また『無量寿如来会』の第十一願文、そして「願生偈」の「世尊我一心」等の八句、あるいは十二句、である。これらは十字、八字、六字で書いた名号の意味を確かめるために付されたものである。自らの言葉ではなく、経典や論の言葉に拠りながら、親鸞自身がどのように名号の呼びかけを聞いているかを表している。この銘文を読むならば、名号は決して繰り返し唱える呪文ではないことは明らかである。名号はどこまでも衆生を迷いから覚ます呼びかけである。仏からのはたらきかけである。その呼びかけを聞いて、仏の願いに出遇ってほしいという親鸞の意図がうかがえる。

この銘文について親鸞自身が解説を加えているものに、『尊号真像銘文』がある。仏の願いを一言で表すならば名号、その名号がもつ意味を確かめるために銘文を付され、さらに銘文の意味を解説していく著作を残しているのである。ここには懇切に言葉をもって語ろうとする親鸞の姿勢が垣間見える。前にも述べたが、親鸞の出遇った仏道は「ただ念仏」一つに極まる。そのこころを当時の仏教者も含め、最も詳しく伝えようとしたのが『教行信証』である。その中間に位置づけられるのが和文の著作とは言えないだろうか。今は見当づけをするにとどめて、次に和文の著作の内容を尋ねていくこととしたい。

第一章　和文撰述の位置

一　親鸞の著述概観

親鸞の和漢の著作

親鸞の著作には、文字通り親鸞自身の著作と、経典や聖教からの書写がある。『観無量寿経註』や『阿弥陀経註』は書写されたものに含むことができる。また、どちらであるかを決め難いものとして『西方指南抄』などもある。これ以外に親鸞の筆になるかどうか判然としないものもある。これらについても製作の願いや成立の事情について尋ねる必要はあるが、ここでは、最も狭い意味での親鸞の著作に絞って、書かれた形式によって「漢文」と「和文」とに分けて以下に挙げたい。

【漢文】

顕浄土真実教行証文類　六巻
浄土文類聚鈔
愚禿鈔　二巻
入出二門偈頌文

【和文】

浄土和讃
高僧和讃
正像末和讃
太子和讃
浄土三経往生文類
尊号真像銘文
一念多念文意
唯信鈔文意

如来二種回向文（往相回向還相回向文類）
弥陀如来名号徳
善導和尚言
消息

漢文の著作

すでに序章において『教行信証』がもっている課題については少し触れたが、漢文で書かれたものは読む相手が漢文の素養をもっていることを前提にして、基本的には公にしていく意図があったと思われる。

『浄土文類聚鈔』は『教行信証』と同じく、「愚禿釈親鸞集」という撰号のもとに書かれ、親鸞の自釈と経論釈からの引文から成っている。古来から『教行信証』を「広文類」「広本」と呼ぶのに対し、「略文類」「略本」と呼ばれてきた。親鸞自筆の原本は伝わらないが、大谷派本願寺に伝わる室町時代初期の古写本には「建長七歳七月十四日書之　愚禿釈親鸞　八十三歳」という奥書がある。これに従えば、親鸞八十三歳の著作である。ただ、本書を踏まえて『教行信証』が書き上げられたという意見も多く、著作年代については未だ結論が出ていない。

『入出二門偈頌文』には親鸞真筆と伝えられてきた「法雲寺旧蔵書写本」がある。現在は真宗高田派の専修寺蔵で真仏の書写と確定している。撰号は「愚禿釈親鸞作」となっている。「建長八歳丙辰《ひのえたつ》三月廿三日　書写之」とあるので、親鸞八十四歳の時のものである。また室町時代の書写本ではあるが、「聖徳寺本」には「愚禿八十歳　三月四日　書之」とあるので、この原本が元にあって建長八年に親鸞自身が転写したと考えられるが、検討の余地は多い。世親（天親）・曇鸞・道綽・善導の四人の果たした仕事を、特に入出二門という視点から讃嘆する偈頌である。

『愚禿鈔』は親鸞の自筆は伝存しない。高田派専修寺《せんじゆじ》蔵の顕智写本と京都常楽寺蔵の存覚写本がある。両本に見える「建長七歳乙卯《きのとのう》八月廿七日書之　愚禿親鸞八十三歳」という奥書から、本書は親鸞八十三歳のものと考えられる。ただ、内容的に『教行信証』に展開される思想がまだ見られないことから、若い頃の覚書という見方も強い。しかし、撰号が書かれていないという点からすれば、親鸞にはこの書を公開する意図がなかったと考えられる。「愚禿鈔」という題号が示す通り、法然の教えをどのように受けとめたかを自らが確かめるために簡潔にまとめたものと見ることができる。この意味では、本書は前の二書とは異なり、漢文で書かれてはいるが、他人に読ませるものでなかったと考えられる。

『教行信証』を最優先

以上、漢文の著作について簡単に紹介したが、いつ書かれたのか一つをとっても分からないことが多い。また、親鸞が誰に読ませようとしたのかについても考えなくてはならない。かつて河田光夫氏は「親鸞文学の誕生」という論文において、親鸞の作品の誕生には内発的要求のみではなく、享受者の要求が不可欠であることを述べている（河田光夫著作集第三巻『親鸞の思想形成』明石書店）。親鸞の著作を見ていく際に、これは重要な指摘であると思う。誰に対して、何のために書かれたかを踏まえることは、当然のことではあっても、なかなか容易ではない。上記の漢文の著作だけでも、未だに確定できないことが多い。今は大胆な推測を提起して次に進むこととしたい。それは、親鸞にとっての根本課題は『教行信証』を残すことにあったのであり、他の著作はそれが一応の完成を見た後に書かれていったという推測である。

『教行信証』「化身土巻」において親鸞は「我が元仁《げんにん》元年」と言い、「已《すで》にもって末法に入りて六百八十三歳なり」と記している。少なくともこの年、親鸞の年齢で言えば五十二歳の時点で、『教行信証』を執筆中であったことは間違いないと思われる。ところが、初めて門弟に写させたのは七十五歳のときである。これは江戸時代の版本（寛永十三年）に「寛元五年二月五日」に尊蓮（当時六十六歳）が書写したという記録のみが残っていることから推察されるものである。尊蓮は俗名を日野信綱といい、親鸞とは従兄弟に当たる人である。京都に在住した洛中の門弟であり、親鸞の京都での生活を支えた一人であったと推測される。これが最初の書写だとすれば、少なくとも親鸞は五十二歳の頃から七十五歳にいたるまで、二十四年間にわたり『教行信証』に筆を入れ続けていたと考えられる。実際、親鸞自筆の「坂東本」を見れば、書き改め、増補、切り取りなどの跡が確認できる。唯一の生きた仏道である浄土真宗をどのような形で未来に残していくか、これに親鸞は文字通り生涯をかけていたことがうかがえる。先に『教行信証』の執筆を最優先したと推測したことの一つの根拠である。もちろん、経典や聖教の書写はそれまでにも行なっている。ただ、他の著作は『教行信証』を書き終えたところから始まったと見る方が自然ではなかろうか。このことから、上に見た『浄土文類聚鈔』、『入出二門偈頌文』、『愚禿鈔』も奥書に従って、すべて八十歳以降のものと見ておきたい。

和文の著作

次に和文の著作について概観したい。和文と一括りにしたが、大きく分ければ、「和讃」と「消息」とそれ以外に分けられる。「和讃」と「消息」については後に章を設けているので、ここではそれ以外のものを一瞥しておきたい。具体的には『浄土三経往生文類』、『尊号真像銘文』、『一念多念文意』、『唯信鈔文意』、『如来二種回向文』、『弥陀如来名号徳』、『善導和尚言』である。

『浄土三経往生文類』は『大経』・『観経』・『弥陀経』の三経に基づいて、難思議往生・双樹林下往生・難思往生の三往生があることを述べる。「広本」「略本」と呼ばれる二本がある。「略本」は西本願寺に蔵するもので、親鸞の自筆である。「建長七歳乙卯八月六日　愚禿親鸞八十三歳　書之」の奥書がある。「広本」は興正派興正寺に蔵するもので、親鸞自筆と伝えられている。「康元二年三月二日書写之　愚禿親鸞　八十五歳」の奥書がある。

『尊号真像銘文』は前章でも簡単に触れたが、本尊としての名号である「尊号」と、親鸞が仰いだ先徳の肖像画である「真像」に付された銘文について、解説を加えたものである。これにも「広本」「略本」と呼ばれる二本があり、ともに親鸞自筆である。「略本」は福井県法雲寺旧蔵で、奥書には「建長七歳乙卯《きのとのう》六月二日　愚禿親鸞八十三歳　書写之」とある。「広本」は高田派専修寺に蔵されており、本末二巻に分かれている。奥書には「正嘉二歳戊午《つちのえうま》六月廿八日書之　愚禿親鸞八十六歳」とある。

『一念多念文意』と『唯信鈔文意』についてては次章で詳しく尋ねるが、それぞれ隆寛の『一念多念分別事』および聖覚の『唯信鈔』に引用されている経論の言葉について、親鸞が注釈を加えたものである。もちろん、単なる注釈にはとどまらず、親鸞独自の見解が付加され論を展開している。

以上の四部がかなり大部のまとまったものである。これに対し、『如来二種回向文』、『弥陀如来名号徳』、『善導和尚言』は「小部撰述」とも呼べるものである。

『如来二種回向文』は「願生偈」に出る回向について、如来の往相回向と還相回向として解釈を加えている。高田専修寺に鎌倉時代の写本があり、奥書には「正嘉元年丁《ひのとの》巳《み》閏《うるう》三月廿一日書写之」とある。「親鸞」の名も記されていないことから手紙とともに送られたと考えられる。

『弥陀如来名号徳』は阿弥陀仏の十二光について解釈されたものだが、途中に脱落や切断部分があり、全体が揃っているわけではない。古写本が長野県正行寺に蔵されている。奥書には「草本云　文応元年庚申《かのえさる》十二月二日書写之　愚禿親鸞八十八歳書了」とある。本書について興味深いのは、親鸞の消息の中に「ひとびとのおおせられてそうろう十二光仏の御ことのよう、かきしるしてくだしまいらせそうろう」（『親鸞聖人御消息集』（広本）第十七通）という言葉が見られることである。人々の疑問に答えて親鸞が「十二光仏」について書いて送ったことがわかる手紙である。もちろん、本書がこの手紙に言われるものと同一だとは断定できないが、本書に相当するものを親鸞が書いたということが分かり、成立の事情がうかがえる。

『善導和尚言』は高田専修寺に蔵されており、親鸞自筆と伝えられる。善導の

『観念法門』の一節と親鸞の和讃を二首挙げて解釈したものである。奥書もなく、やはり手紙とともに送られたものと考えられる（定本『親鸞聖人全集』和文篇の解説を参照）。

以上、簡単に和文の著作について一瞥してきたが、次にその特徴をまとめておきたい。

二　和文著作の特徴

撰号の有無

まずは撰号に関して特徴が見られる。「和讃」については別に考えるが、それ以外の和文の著作で題号の次に撰号が置かれているものは一点もない。それぞれの著作の最後に置かれている奥書に、年月日と名前が書かれているのみである。中には、年月日のみで名前がないもの、また奥書をもたないものもある。上にも見た通りである。このことは和文の著作が不特定多数の人が読むことを初めから想定していないからである。読み手を意識しながら、あるいは最初から特定の問いに答えて書かれていったことが推測される。もっとも、特定の問いといっても、「消息」のように、一通一通が具体的な状況に対して、明確な宛先をもって書かれたものとは異なる。同じ浄土の教えを受けた者に対して、教えの内容を確かめていくために書かれたように思われる。

また、奥書に名前が書かれている場合、ほとんどは「愚禿親鸞」となっており、「釈」の字は付されていないものが多い。これも漢文の著作と比べてみると大きな特徴である。『教行信証』を始めとして、『浄土文類聚鈔』、『入出二門偈頌文』には、題号のもとに「愚禿釈親鸞」の撰号が置かれている。唯一『愚禿鈔』にはないが、これについてはすでに述べた通り、漢文で書かれたものではあるが公開する意図はなかったのではないかと推測される。

これから考えると、「釈」を付すのは親鸞においても限られた場合であることが分かる。仏弟子としての責任を強く意識し、特に公けに向けた表現なのである。たとえば、最も強く仏弟子の使命をもって書かれたであろう『教行信証』の中においても、文中に自らの名のりが置かれるのは五カ所にすぎない。その中、全体の「序」と「信文類序」には「愚禿釈親鸞」とあり、「化身土巻」の「願海転入」の文、およびいわゆる「後序」には「愚禿釈鸞」とある。そして「信巻」の「真仏弟子釈」を結ぶ位置にある「悲歎述懐」においては「愚禿鸞」と「釈」の文字がわざわざ外されている。この一文字を親鸞がどれほど意識して用いていたかをうかがうことができる。

繰り返しになるが、同じ親鸞の著作といっても誰に対して、何を伝えようとして書かれたのかということによって、撰号の有無、あるいはその書かれ方に違いがあるということに留意しておかねばならない。

もう一つ、和文の著作の特徴として、ほとんどの漢字に読み仮名が付されていることが挙げられる。もともと親鸞は漢字の読みに対してはきわめて厳密で、『教行信証』においても一つの文字に対して、漢字の音や意味を示す「訓」が文字の右ないしは左に付されていることが多い。また、発音する際のアクセントを示す「声点」が付されている箇所も見られる。声点とは、声の調子や清濁を示すために文字の四隅に付される記号で四声点とも言われる。漢字を正確に読むと同時に、意味を正しく受け取るための配慮がなされているのである。これが和文の著作の場合、さらに丁寧になっているのである。

浄土の教えを聞く仲間へ

「和讃」などは初めから諷誦《ふうじゆ》することを目的に書かれたと思われる。事実、『高僧和讃』の扉には、声点の説明を示す図までも載せられている（一六二頁参照）。声に出して読むことが想定されているのである。そのため、すべての漢字について読み仮名と声点が付されているのであろう。このことは、親鸞の自筆本が残されている『浄土三経往生文類』、『尊号真像銘文』、『一念多念文意』、『唯信鈔文意』を見ても同じような印象を受ける。大きな楷書でかかれた片仮名まじりの本文と、漢字に付けられた片仮名の読み仮名が目につく。これは明らかに声に出して読まれることを想定していたと思われる。特に『一念多念文意』や『唯信鈔文意』などは、親鸞が関東に書き送ったものであることは「消息」にうかがうことができる。それは特定の個人宛ではなく、同じ浄土の教えを聞く仲間の中で読み上げられることを期待してのものであったと考えられる。

話は少しわき道にそれるが、親鸞が著作や消息を送った関東の人々について触れておく必要がある。というのは、これまで「親鸞の門弟」あるいは「関東の門弟」という言い方がよくなされてきた。ただその際に、親鸞を中心にした教団をはじめから想像することは気をつけなければならない。後にまとめられる『親鸞聖人門侶交名牒』などを見るならば、「親鸞の門弟」と言うことは妥当であろうし、また親鸞を師と仰ぐ人々が生まれていたことは間違いない。またその集まりが「初期教団」とか「関東教団」と呼ばれてきたことももっともであると思う。ただ、親鸞自身の関わり方を見る時に、「親鸞の門弟」とひとくくりにすることには十分な注意を払わなくてはならない。親鸞の立場はどこまでも師法然からの教えを受け継いでいくことにあった。その際に、法然が開いた仏教を「浄土真宗」と掲げていったのが親鸞である。関東の人々に対しても、師法然の教えを伝えていこうとする姿勢が随所に見られる。自ら『一念多念文意』や『唯信鈔文意』を著すに先立って、隆寛（一一四八～一二二七）の『一念多念分別事』や聖覚（一一六七～一二三五）の『唯信鈔』を書き送っているのもその現れである。今は『尊号真像銘文』の中から一節を挙げておきたい。

「超」はこえてという。生死の大海をやすくよこさまにこえて、無上大涅槃のさとりをひらくなり。信心を浄土宗の正意としるべきなり。このこころをえつれば、他力には義のなきをもって義とすと、本師聖人のおおせごとなり。

『尊号真像銘文』の最後に親鸞は自身の「正信偈」の一部を引いて自ら解釈しているが、右の言葉は「即横超截五悪趣」の句についてのものである。「本師聖人」とは法然のことを指している。法然のおおせを憶念しながら、筆を執っていることがよくわかる。同時に自らが出遇った教えを「浄土宗の正意」として押さえている。ここには法然の教えを聞いた者として、大切なことを伝えていきたいという願いがあふれている。

このようなことから、親鸞自身はどこまでも法然を師と仰いでいたと思われる。序章において尋ねた「親鸞は弟子一人ももたず」という『歎異抄』の言葉も、親鸞が周りの人々と「同朋・同行」として接していたことを語るものであった。この意味で、親鸞を師と仰ぐ人がいたことは間違いないが、親鸞自身は関東の人々を同じ浄土の教えを聞く仲間と見ていたことも間違いない。「親鸞の門弟」という言葉で関東の人々を一くくりにするのは、よほど注意が必要である。

話を戻そう。和文の著作は、そのような仲間に向けて書かれた。前に挙げた、撰号がないこと、また漢字に読み仮名が付されているというのは形の上からの特徴であったが、一番大きな特徴は、師法然の教えをともどもに確かめていくという姿勢が貫かれていることである。「消息」においても、「故聖人」とか「浄土宗」などの語があちこちに散見されることも、その証左である。法然が明らかにした「ただ念仏」一つで誰もが迷いを超えることができる仏道、その大切さをよくよく知っていたからこそ、親鸞はそれを伝えることに生涯をかけたのである。逆な言い方をすれば、これだけの著作を残さねばならないほど、「ただ念仏」が誤解を受けたり、見失われそうになったりという現実があったのである。現実からの要請に応答して書かれていった、ここにも和文の著作の特徴が見られる。

三 「いなかの人々」と共に

「善悪の字しりがお」

『一念多念文意』の末尾には以下の言葉が置かれている。

いなかのひとびとの、文字のこころもしらず、あさましき、愚痴きわまりなきゆえに、やすくこころえさせんとて、おなじことを、とりかえしとりかえしかきつけたり。こころあらんひとは、おかしくおもうべし。あざけりをなすべし。しかれども、ひとのそしりをかえりみず、ひとすじにおろかなるひとびとを、こころえやすからんとてしるせるなり。

同様の言葉は『唯信鈔文意』の最後にも置かれている。ここには、親鸞が

『文意』を著していった意図が明確に表われている。「いなかのひとびと」というのは「京」のみやこに対して言われており、直接には関東の人々を指している。いなかの人々が文字のこころも知らずに、あさましくて、愚痴きわまりないから、わかり易くこころえさせようとして、同じことを取り返し書き付けた、と言うのである。「こころあらんひとは、おかしくおもうべし。あざけりをなすべし」というのは、文字の心得がある人はおかしいと思うであろうし、あざけりをなすであろう、と言うのである。この言葉だけを見れば、親鸞がいなかの人々をさげすんでいるかのような印象を受ける。しかし、親鸞にとって「文字のこころ」というのは、実は人間にとっての大きな問題であったのである。

『正像末和讃』（文明本）の末尾には、次のような一首がある。

よしあしの文字《もんじ》をもしらぬひとはみな
まことのこころなりけるを

善悪《ぜんまく》の字しりがおは
おおそらごとのかたちなり

ここには「よしあしの文字」を知らない人と「善悪の字」を知ったつもりになっている者が見事に対比されている。善悪の文字を知らない人は「まことのこころ」であると親鸞は言う。人間の虚偽性を見つめ続けていた親鸞が、人に対して「まこと」という言葉を用いるのはきわめてまれである。そして善悪の字を知ったつもりになっている者は「おおそらごと」、つまり虚仮不実であることが押さえられている。これを「愚禿悲歎述懐」からの続きとして見るならば、ここで言われる「善悪の字しりがお」というのは、他でもない、親鸞自身を指していると思われる。それに対して、「よしあしの文字をもしらぬひと」というのは、文字を読むこともできない境遇を生きてきた人であり、親鸞にとっては流罪を縁として出会った越後から関東の人々であったと推測できる。

たとえば、京の都では死は穢《けが》れとして怖れられ、死体の埋葬に一般の者が直接関わることはなかった。しかも、官僧などは死穢を避けることは義務にまでなっていた。そんな中で、死体の埋葬に当たる人に対しては、触穢の観念によって遠ざかり、忌み嫌うことが行なわれていた。しかしながら、生きているということは必ず死んでいくという事実を伴っている。誰も死をまぬがれることはできないのである。死体を埋葬することも決して避けて通ることはできない。にもかかわらず、生のみをもてはやし、死を遠ざけることは、命の一面を見ているに過ぎない。「穢れ」という観念は、この意味において「おおそらごと」である。

乗信房への消息

親鸞はいなかの人々との出会いの中で、人間が生きることの事実を教えられたのではなかろうか。さもなければ、「まことのこころ」というような言葉を人に対して使うはずがないと思われる。いなかの人々との出会いによって、自らの「おおそらごと」を気づかされたのである。「文字のこころ」を知っているつもりがいかに問題であるかを知らされたのである。このことがうかがえる「消息」が残されている。「文応元年十一月十三日」の日付があり、親鸞八十八歳の時に関東の「乗信御房」宛に出されたものである。

なによりも、こぞことし、老少男女おおくのひとびとのしにあいて候うらんことこそ、あわれにそうらえ。ただし、生死無常のことわり、くわしく如来のときおかせおわしましてそうろううえは、おどろきおぼしめすべからずそうろう。

はじめに、去年から今年にかけて、老少男女を問わずに多くの人々が亡くなったことを悲しむことが述べられている。『鎌倉年代記』（北条九代記）などによれば、この前年から天変地異により数多くの死者が出たことが知られる。その現状を悲しみつつも、「生死無常のことわり」は詳しく如来が説いてくださっていることなので、あらためて驚かれることではありません、と親鸞は言う。聞きようによっては冷たい発言のようであるが、死という厳粛な事実を踏まえた言葉である。そして続いて、

まず、善信が身には、臨終の善悪をばもうさず、信心決定のひとは、うたがいなければ、正定聚に住することにて候うなり。さればこそ、愚痴無智のひともおわりもめでたく候え。如来の御はからいにて往生するよし、ひとびともうされ候いける、すこしもたがわず候うなり。としごろ、おのおのにもうし候いしこと、たがわずこそ候え。

と述べている。「まず、善信が身には、臨終の善悪をばもうさず」、つまり、この私においては臨終の善悪を言わないと断言している。乗信房からの手紙がどんな内容だったかは分からないが、親鸞の言葉から推するに、関東の人々の間で「臨終の善悪」が問題になっていたことがうかがえる。臨終の有り様につい

ては、「臨終行儀」であるとか「臨終正念」という言葉によって知られるように、迷いの生を越えていく際に、極めて重視されていた事柄である。しかし、親鸞はそんな計らいを断ち切るかのように、「臨終の善悪をばもうさず」と言う。そして、往生はどこまでも「如来の御はからい」によるものであることを明かし、大切なのは臨終の有り様ではなく、「信心決定」の一事にあることを述べている。

「学生沙汰」の誡め

これに対をなすこととして、堅く誡められているのが、「学生沙汰《がくしょうざた》」である。

かまえて、学生沙汰せさせたまい候わで、往生をとげさせたまい候うべし。故法然聖人は、「浄土宗のひとは愚者になりて往生す」と候いしことを、たしかにうけたまわり候いしうえに、ものもおぼえぬあさましき人々のまいりたるを御覧じては、往生必定すべしとてえませたまいしをみまいらせ候いき。ふみざたして、さかさかしきひとのまいりたるをば、往生はいかがあらんずらんと、たしかにうけたまわりき。いまにいたるまでおもいあわせられ候うなり。

「学生沙汰」とは、学者ぶって善し悪しを論ずることである。仏の教えを聞いていながらも、聞いたことをもって善悪を判定したり、他人を評価したりしていくのである。それは仏の教えを聞いたことにはならない。自分の計らいを中心にしているだけなのである。親鸞はここで亡くなられた法然聖人が仰っていた「浄土宗のひとは愚者になりて往生す」という言葉を改めて憶念している。また、そのように仰った法然聖人が「ものもおぼえぬあさましき人々」がやってくるのを御覧になっては、「往生必定」と微笑んでおられたのを見たということ、それに対して「文《ふみ》沙汰」して「賢々《さかさか》しい」人がやってくると「往生はいかが」と仰っていたのを確かにうけたまわったと述べている。流罪以降、一度も会うことはできなかったことを考えれば、実に五十年以上の歳月がたっている。にもかかわらず、今に至るまで思い合わせられると言う。どれほど親鸞の中で大きな出来事であったかがうかがえる。それは、単に想い出深いというような話ではなく、誰が本願を信じ念仏する者であるかを明確に教えられた出来事なのである。学者ぶって善悪を沙汰すること、善悪を分かったつもりで文沙汰すること、そこに迷いを超えていく道はない。自らの愚かさを教えられ、「愚者」になるところに、初めて仏の教えにうなずくことが起こるのである。

このように見てくると、先に挙げた二つの「文意《もんい》」に置かれる言葉の意味がはっきりしてくると思う。「文字のこころもしらず、あさましき、愚痴きわまりなき」というのは、決してさげすんだ言葉ではない。如来の本願に最も近い者を意味している。かえって「こころあらんひとは、おかしくおもうべし」と言われているのは、本願が自分に必要であるとは思っていない者のことである。だから、この書を読んでも自分のための言葉だと感ずることもなく、「あざけりをなす」ことにしかならないのである。ただ、親鸞があえて「こころあらんひと」にも言及しているということは、この書が批判にさらされることを予想していたのであろうか。また関東の門弟の中にも「学生沙汰」する「こころあらんひと」が多かったということであろうか。いずれにしても親鸞の深い配慮が読み取れる。

以上、二つの「文意」の末尾に置かれる言葉を通して親鸞の和文の著述のこころを見てきた。ひとえに「いなかの人々」に心得やすくさせたいとの願いからであることが分かった。そして、その願いの根には、ただ念仏の教えに本当に頷く者として、「愚者」が見出されている。共に「愚者」の立場に立って、「いなかの人々」に呼びかけていく親鸞の言葉、それが和文の著作にあふれているように思われる。

では、次に章をあらためて、二つの「文意」の内容を尋ねていきたい。

第二章　二つの「文意」

一　聖教書写と文意の製作

親鸞の書写

親鸞が関東の人々に聖教《しょうぎょう》を書写して送っていたことは、以下の「消息」から分かる。

親鸞も偏頗《へんぱ》あるものとききそうらえば、ちからをつくして、『唯信鈔』・『後世物語』・『自力他力』の文のこころども、二河《にが》の譬喩《ひゆ》なんどかきて、かたがたへ、ひとびとにくだしてそうろうも、みなそらごとになりてそうろうときこえそうろうは、いかようにすすめられたるやらん

この手紙は親鸞が息子の慈信房善鸞に宛てたもので、年は明確ではないが、

内容からすると関東における人々の間の混乱がますますひどくなっている状況を憂えている。もともと善鸞は、関東の人々の間に起こった混乱を収めるために、いわば親鸞に代わって関東に下向したのである。これも何年のことかは明らかではないが、おそらくは親鸞が八十歳前後であろうと推定される。ただ、善鸞の下向によってかえって関東は混乱をきわめ、結果的には善鸞は親鸞によって義絶される。この顚末については、後に改めて述べたい。

この手紙に戻ると、親鸞にも「偏頗」、かたよりがあるということが聞こえてきていたために、親鸞は『唯信鈔』・『後世物語』・『自力他力』の文のこころなど書いて、また「二河の譬喩」なども書いて、方々の人々に送っていたことがわかる。つまり、自分の著作を送るのではなく、親鸞自身が尊敬をもって受けとめている聖覚や隆寛など、法然の教えを受け、伝えている人の書物を書写して送っている。あるいはその趣旨を解説したり、「二河の譬喩」について書いたりしていることがうかがえる。このようなことを親鸞がいつから始めていたかは明確にはできないが、書写されたものとして、以下のものが伝存する。

『唯信鈔』
高田専修寺蔵　真筆本　「寛喜二年五月廿五日書写之」（五十八歳）
西本願寺蔵　真筆本　「寛喜二年五月廿五日書写之」（書写年時不明）
高田専修寺蔵　平仮名真筆本　「文暦二年六月十九日書之」（六十三歳）
堺真宗寺蔵　古写本　「仁治二年十月十九日書写之」（六十九歳）
高田専修寺蔵　顕智写伝本　「寛元四年三月十四日」（七十四歳）
大谷大学蔵　恵空写伝本　「建長六年二月」（八十二歳）
『一念多念分別事』
大谷大学蔵　端坊旧蔵本　「建長七年四月廿三日書写之」（八十三歳）
『自力他力事』
大谷大学蔵　恵空写伝本　「寛元四年三月十五日書之」（七十四歳）
『後世物語聞書』
真宗仮名聖教所収本　「建長六年九月十六日書写之」（八十二歳）

すでに尋ねたように、親鸞にとって関東の人々は、同じ浄土の教えを聞く同朋であり、同じくただ念仏に生きる同行であった。そして親鸞自身が師法然の教えを生涯を通して聞き続けていったとともに、関東の人々にもそれをすすめていったのである。たとえば、性信房あての手紙に見える「聖人の廿五日の御念仏」（『親鸞聖人御消息集』（広本）第十三通）という言葉からは、法然の命日である毎月二十五日に集まって、共に念仏することを親鸞が勧めていたことが分かる。

『唯信鈔』書写の意味

それならば法然の『選択集』そのものを書写して送るはずではないか、という意見もあるかもしれない。ただ、『選択集』についてはいくつか押さえておくべき点がある。一つには、法然自身が『選択集』の最後に「こいねがわくは、一たび高覧を経て後に、壁の底に埋みて、窓の前に遺すことなかれ。おそらくは破法の人をして、悪道に堕せしめざらんがためなり」と述べ、公開を望んだものではなかったということ。二つには、実際に書写を許されたのは、法然が後事を託そうとした数人の門弟に限られていたということ。三つには、法然の滅後、公けにされた途端に、伝統仏教からの反論として明恵によって『摧《ざい》邪輪《じやりん》』が出されたこと。などを踏まえて考える必要がある。今一々について詳しく述べることはしないが、親鸞にとっては、これらのことを踏まえた時、『選択集』をそのままの形で流布させていくということは頭にはなかったと思われる。いくどか触れてきたが、『教行信証』という書物が何よりも親鸞の姿勢をよく表している。『選択集』の趣旨を再説するのでもなく、また『選択集』への批判に対して弁明的に応えていくのでもない。『選択集』の真意をインド以来の仏教の歴史を通して明らかにしていくのである。このあたりに親鸞が自らに課していた役割が見える。

『唯信鈔』などの聖教の書写は、この意味では同じ法然の教えを受けた仲間に対するものと見ることができる。ただ念仏の教えを聞きながら、その中身がはっきりしなくなったり、場合によっては誤解したりということが起こっているという現状を踏まえてのものであった。次の手紙（『親鸞聖人御消息集』（広本）第八通）はそのことをよく示している。

念仏往生の本願とこそ、おおせられてそうらえば、おおくもうさんも一念一称も往生すべし、とこそうけたまわりてそうらえ。かならず一念ばかりにて往生すといいて、多念をせんは往生すまじきともうすことは、ゆめゆめあるまじきことなり。『唯信鈔』を、よくよく御覧そうろうべし。

この手紙からは、関東の人々の間に「念仏往生」をめぐって、「多念」か「一念」かということが取りざたされていた様子がうかがえる。であるからこそ、「おお（多）くもうす」も「一念一称」も往生することができるとうけたまわったと語られている。うけたまわったのは、もちろん法然からである。また、一念往生を立てて、多念では往生できないと決して言ってはならないとまで述べられている。そして、『唯信鈔』をよくよく御覧くださいと語っている。ここには、具体的に起こっていた問題に対して、『唯信鈔』をもって応える親鸞がいる。それは『唯信鈔』に的確に述べられているからということが第一義ではあろう。しかし、それだけではなく聖覚の『唯信鈔』を勧めることによって、それがよく受け入れられていくという関東の土壌があったこともうかがえる。もし、名前を挙げることによって反発を招くような書物なら、親鸞は勧めることをせずに、自らの言葉のみで語ったのではなかろうか。それが、すでに見てきたように、法然の教えを勧め、さらには聖覚や隆寛の書物を勧めていく。同朋としての親鸞と関東の人々の関係をよく表わしていると思われることである。

親鸞自身の解説

ただ、興味深いのは、書写したものを送るだけにとどまらず、親鸞がみずから解説を加えていったことである。そこには何があったのだろうか。たとえば、現在、高田専修寺が所蔵する「信証本《しんしょうぼん》」と呼ばれる本がある。親鸞が自筆で書写した『唯信鈔』と親鸞自筆の『唯信鈔文意』の二冊が一組になって伝えられているもので、内表紙の左下部に「釈信証」と書かれている。これは平松令三氏が「当初から二冊一組として書写され、そのまま門弟信証に与えられ、その後覚然に移されるなどの所有者の移動はあったが、二冊一セットのまま伝蔵されて現在にいたっている」と指摘しているが（増補版『親鸞聖人真蹟集成』補遺篇解説）、私もこの見解に従いたい。この二冊一組になって伝えられているものを見れば、親鸞が『唯信鈔』を書写して送るだけでなく、さらには『唯信鈔文意』を合わせて読んでもらうことを想定していたことは明らかである。その間にはどのような事情があったであろうか。

河田光夫氏は「書簡は、当座の疑問・問題点に答えることはできるが、体系的に親鸞の思想を表現するには不十分なものである。まして親鸞の思想は、帰京後もどんどん展開していったのであるから、どうしても、ある体系を持った作品が作られねばならない」と述べている（河田前掲論文『親鸞の思想形成』所収）。「体系的に親鸞の思想を表現する」ということがどんなことか、またなぜなされなければならなかったのかはよく考える必要がある。しかしながら、『唯信鈔』や『一念多念分別事』の言葉について解釈するという形をとりながら、結果としては親鸞の思想が体系的にまとめられていることは間違いない。とすれば、『唯信鈔文意』と『一念多念文意』の内容を見ていけば、親鸞が何を伝えたかったかはおのずと明らかになるであろう。それは同時に、親鸞が『文意』の筆を執る必然性を物語ってくれていると思われる。

ただ、二つの文意が初めに書かれたのがいつかということについては明らかではない。両書ともに親鸞の自筆本は現存しており、『唯信鈔文意』は二本あって、「康元二歳丁巳正月十一日」と「康元二歳正月廿七日　愚禿親鸞八十五歳書写之」という奥書がある。また『一念多念文意』には「康元二歳丁巳二月十七日　愚禿親鸞八十五歳書之」の奥書がある。いずれも親鸞八十五歳のときのものである。「康元二歳」は西暦でいえば一二五七年で、いわゆる善鸞義絶の翌年に当たる。息子である善鸞を義絶した後に親鸞が勢力的に執筆活動をしていたことを物語っている。これについても考えるべき点は多い。ただ、善鸞義絶の以前にも、これらの書物が書き送られていたことに注意しておきたい。性信房に宛てた次の消息（『血脈文集』第二通）を見てみよう。

おおかたは、『唯信抄』・『自力他力の文』・『後世ものがたりのききがき』・『一念多念の証文』・『唯信鈔の文意』・『一念多念の文意』、これらを御覧じながら、慈信が法文によりて、おおくの念仏者達の、弥陀の本願をすてまいらせおうてそうろうらんこと、もうすばかりなくそうらえば、かようの御ふみども、これよりのちにはおおせらるべからずそうろう。

これまで親鸞が書き送ってきた多くのものを見ていながら、善鸞（慈信）の言う法文によってたくさんの念仏者たちが弥陀の本願を捨ててしまったことを歎いている手紙である。宛先は関東を束ねる役目を担っていた性信であり、この手紙の中で善鸞の義絶を明確に告げている。「五月廿九日」の日付があり、康元元（一二五六）年と推定される。とすれば、現存する自筆本以前に、『唯信鈔文意』と『一念多念文意』を書き送っていたことは明らかである。善鸞の義絶の前後で書かれた内容に変化があったかどうかも興味の尽きないところではあるが、以下、大まかに二つの『文意』の内容に尋ね入りたい。

二　聖覚と『唯信鈔』

『唯信鈔』著者聖覚

先にも触れたとおり、『唯信鈔』は聖覚が著したものである。聖覚は仁安二（一一六七）年の生まれで、親鸞よりは六歳上になる。藤原通憲の孫で、父澄憲《ちょうけん》とともに安居院《あぐい》流の唱導師として名をはせる。釈尊の十大弟子の一人で説法第一と讃えられた富楼那《ふるな》尊者になぞらえて「濁世の富楼那」とまで仰がれたと伝えるものもある（『明義進行集』）。安居院法印と呼ばれ、天台宗の僧としてかなりの位にまで昇っている。嘉禎元（一二三五）年三月に六十九歳で亡くなっている。ただ、行実については分かっていないことも多く、法然の弟子であったことを確かめることができる資料はない。しかし、親鸞が尊敬の念をもっていたことは間違いなく、『尊号真像銘文』においては、師法然の次に「聖覚法印表白文」からの言葉を挙げ、みずから解釈を施している。

『唯信鈔』が書かれたのは、奥書に「承久三歳仲秋中旬第四日」とあるから、西暦で言えば一二二一年で、陰暦の八月十四日だったことが分かる。聖覚が五十五歳、親鸞は四十九歳になる年である。平雅行氏はこの年に「承久の乱」が起こったことに着目し、聖覚が顕密僧として蹉跌した中で執筆されたものであり、『唯信鈔』は「歴史の激変に翻弄された一人物の衝撃と不安の所産」という（『日本中世の社会と仏教』塙書房）。これは後の嘉禄の法難（一二二七年）において念仏弾圧の側に立った聖覚をどう見るかという点から立てられた論であり、聖覚の基本的立場が天台僧にあったと平氏は見ている。平氏の指摘を無視するつもりはないが、今は親鸞が仰いでいた聖教として『唯信鈔』を見ていきたい。少なくとも親鸞にとっては『唯信鈔』の有する意義が大きかったからこそ何度も書写し送ったのであり、聖覚が天台僧の立場から嘉禄の法難に関わっていたとしても、そのことをもって親鸞が『唯信鈔』を捨てていないのは事実である。

『唯信鈔』は大きく二つの部分からなり、前半は法然が掲げた念仏往生について簡潔にまとめて述べられている。『選択集』の説を踏まえて、要旨が明らかにされているという意味では、「要選択」と呼ばれる理由もよく分かる。しかし、単に『選択集』の略説ではなく、聖覚自身の課題がよく表われている。その第一番目は、阿弥陀仏の四十八願の中で、とくに第十七願に注意していることは大きな意味をもっている。これは親鸞が『教行信証』において真実行を顕らかにしていく際に、第十七願における「諸仏称名」をその根拠に据えていくが、『唯信鈔』の論述を踏まえているといっても過言ではない。もちろん、法然自身が第十七願について語っている言葉もあるので、法然門下で第十七願が大切にされていたことはうかがえるし、聖覚の独創と言うことはできない。しかし、これほど簡潔な形で第十七願と第十八願の関係を述べたものは他になく、親鸞の思想に与えた影響は大きいと思われる。

また前半の中で聖覚が第二番目に取り上げる課題は「専修」と「雑修」についてである。これはかなりの分量をさいて詳しく述べられている。専修と雑修については『選択集』でも「本願章」においてすでに取り上げられている。聖覚がそれを踏まえていることはもちろんであるが、後の「三心章」に展開される信心の問題と合わせて述べている。これも親鸞が『教行信証』で取り上げる元になっていると見ることができ、親鸞に大きな影響を与えていると思われる。

仏法に生きる

『唯信鈔』の後半は当時起こっていた念仏についての疑問について、四つにまとめて答えている。いま仮に見出しをつけてみれば、一つ目は「臨終の念仏」と「尋常の念仏」について、二つ目は「悪趣の業」と「念仏の功徳」について、三つ目は「宿善」について、四つ目は「一念」と「遍数をかさねる」ことについて、である。ここを読めば、念仏に対してどのような疑問があったかが具体的に分かるだけでなく、聖覚の専修念仏についての理解がよく知られる。

また、聖覚の見解が親鸞を通して親鸞の門弟にも伝わっていたことも知られる。たとえば、『歎異抄』に出る「宿業」という語も、ここに元がある。親鸞の著作中に見られない言葉だとして、親鸞の思想と切り離そうとする考え方もあるが、少なくとも唯円は親鸞から聞きとめた言葉として書いている。また『歎異抄』には『唯信鈔』の名前も出てくることを考えるならば、親鸞が『唯信鈔』について語り、『唯信鈔』に出る言葉を用いていたことが推察されるのである。

『唯信鈔』の本文最後は次のような言葉で結ばれている。

これをみん人、さだめてあざけりをなさんか。しかれども、信謗《しんぼう》ともに因として、みな、まさに浄土にうまるべし。今生ゆめのうちのちぎりをしるべとして、来世さとりのまえの縁をむすばんとなり。われおくれば人にみちびかれ、われさきだたば人をみちびかん。生生《しょうじょう》に善友《ぜんぬ》となりて、たがいに仏道を修せしめ、世世《せせ》に知識として、ともに迷執をたたん。

親鸞の『教行信証』の末尾を彷彿とさせる。特に「生生に善友となりて、たがいに仏道を修せしめ、世世に知識として、ともに迷執をたたん」という部分には、遠い未来まで見通して、互いに友として、共に迷いを断っていこうとする願いが込められている。仏法に出遇い、仏法に生きようとする聖覚の使命を強く感じる。

親鸞が『唯信鈔文意』において丁寧な解釈を加えているように、『唯信鈔』の特徴は、「唯信」という題号そのものによく表われている。法然が掲げた「ただ念仏」を「唯信」、「ただ信ずる」と受け止めたことの意味は親鸞にとって大きかったと思われる。たとえば、覚如が『御伝鈔』で伝えているものに「信行両座」のエピソードがある。ある時、吉水で法然から教えを受ける中で、親鸞は他の弟子たちの受け止めを確かめようと思い立つ。法然の許しを得て、翌日多くの弟子が集まった中で、親鸞は「今日は信不退・行不退の御座を、両方にわかたるべきなり」と言い出す。つまり「ただ念仏」の教えをどのように聞いているのかを確かめようとしたのである。法然自身は「日課七万遍」と伝えられるほどの称名念仏の人であった。その法然の姿を見るとき、ほとんどの門弟は多く念仏を称えることが往生につながると思っていたに違いない。いわば念仏を称えるという自らの「行」において仏道から退転しない、つまり「行不退」だと思っていたのである。だから親鸞が何を言っているのか問いかけの意味すら理解できなかったに違いない。実際、親鸞が「いずれの座につきたまうべしとも、おのおの示し給え」と呼びかけても、集まっていた三百人あまりの門弟たちは誰も動かなかった。ところがその時に、法印聖覚と信空（法蓮上人）が信不退の座に着く。次に遅参してきた法力坊（熊谷直実入道）が信不退の座に着く。それに親鸞を加えてもわずか四人である。その後しばらくして、師の法然が「源空も信不退の座につらなり侍《はんべ》るべし」と述べた時、門弟たちは驚くとともに後悔したという。

覚如が著した『御伝鈔』という書物の性格もあるので、この通りの事実があったと断言はできない。ただ、一念と多念の争いなども当時起こっていたことを考えるならば、念仏が回数で捉えられたり、量られたりということはあったに違いない。それは一見、念仏に励んでいるようではあるが、実は自らが重ねた念仏を誇る在り方にすぎない。それはたとえ念仏一行という形をとってはいても、結局は「みずからの行をはげみて往生をねがうがゆえに、自力の往生となづく」(『唯信鈔』)と言われる「諸行往生」と変わらない。これに対して、「信不退」とは、ただ念仏を信ずることであり、まさに『唯信鈔』が題号に掲げる「唯信」という言葉に収まる。

本願他力をたのむ

親鸞は『唯信鈔』の題号について次のように解釈を加えている。

「唯信抄」というは、「唯」は、ただこのことひとつという。ふたつならぶことをきらうことばなり。また「唯」は、ひとりというこころなり。「信」は、うたがいなきこころなり。すなわちこれ真実の信心なり。虚仮《こけ》はなれたるこころなり。「虚」は、むなしという。「仮」は、かりなるということなり。「虚」は、実ならぬをいう。「仮」は、真ならぬをいうなり。本願他力をたのみて自力をはなれたる、これを「唯信」という。「鈔」は、すぐれたることをぬきいだし、あつむることばなり。このゆえに「唯信鈔」というなり。また「唯信」はこれ、この他力の信心のほかに余のことならわず（「ならばず」と読む方が意味が通じやすい）となり。すなわち本弘誓《ほんぐぜい》願《がん》なるがゆえなればなり。

題号の一文字一文字について丁寧に解釈されていることが分かる。特に「唯」については「ただこのことひとつ」ということに加えて、「ひとりということろ」ということが言われている。「親鸞一人」（『歎異抄』後序）といい、「面々の御はからいなり」（『歎異抄』第二条）と語りかける親鸞の立場がよく表われている。また「信」については、「真実の信心」と押さえ、あえて「虚仮はなれたるこころ」と述べる。そして「本願他力をたのみて自力をはなれたる、これををはなれ」ていることを確かめている。

おなじ「文意」ではあっても、このあたりは『一念多念文意』には見られない。親鸞がどれほど「唯信」ということを重視し、関東の人々に伝えようとしていたかがうかがえる。先学も指摘する通り、「唯信」という用語例は多くないが、善導が『観経疏』の深心釈において「唯信仏語不顧身命」と述べている。この「ただ仏語を信じて身命を顧みず」というところに、「真の仏弟子」の具体的在り方が押さえられている。とすれば、「唯信仏語」とは仏弟子であるか否かの分かれ目である。これは親鸞にとっては『教行信証』において展開される大きな課題の一つである。国家によって資格を与えられた仏教者は多く存在した。また法然の教えを受けて念仏する者も増えてきていた。その中にあって何をもって仏弟子と言えるのか。本当に仏教に生きるとはどのようなことであるのか。これを問わずにおれなかったのが親鸞である。そして、この課題は決して過ぎ去った昔の話ではない。現代にもそのままあてはまる。何を拠り所として生きるのか、仏教徒として生きるとはどのようなことか。それが「本願他力をたのみて」と教えられ、「自力をはなれたる」と呼びかけられているように思う。

三　『唯信鈔文意』の呼びかけ

『唯信鈔』の漢文法語解釈

すでに述べたように、『唯信鈔文意』は単独で読まれることを想定したものではない。『唯信鈔』と一組に、合わせて読むことが期待されている。そのため親鸞が解釈を加えているのは、『唯信鈔』に引用されている漢文の法語にほぼ限られている。たとえば、題号について釈した次には、「如来尊号甚分明　十方世界普流行　但有称名皆得往　観音勢至自来迎」という法照《ほっしょう》の『五会法事讃』の文の解釈が出てくる。元の『唯信鈔』の文脈では、聖道門と浄土門について述べ、さらに浄土門について諸行往生と念仏往生の違いを述べ、その上で念仏往生について法蔵菩薩の発願の物語から始まり第十七願の意図を述べるという展開になっている。その第十七願の趣旨を押さえるものとして、右の四句の偈文が挙げられているのである。ここでは、その全体について詳しく触れることはできないが、親鸞が『唯信鈔』の解釈をする際に特に加えている部分に注目をしていきたい。というのは、もとの『唯信鈔』の中には言われていないことも盛り込んで、親鸞は自らの考えを展開しているからである。この意味では、『唯信鈔文意』は『唯信鈔』の単なる解釈書ではない。『唯信鈔』を読むことを通しながら、親鸞の念仏理解や往生理解を伝えようとしている。そこには親鸞からの呼びかけがある。

『唯信鈔』に引用されている漢文の法語は以下の通りである。繁きをいとわず、仮に通し番号を付して並べてみよう。

①法照『五会法事讃』の文

「如来尊号甚分明　十方世界普流行

但有称名皆得往　観音勢至自来迎」

②法照『五会法事讃』の文

「彼仏因中立弘誓　聞名念我総迎来
不簡貧窮将富貴　不簡下智与高才
不簡多聞持浄戒　不簡破戒罪根深
但使回心多念仏　能令瓦礫変成金」

③善導『法事讃』の文
「極楽無為涅槃界　随縁雑善恐難生
故使如来選要法　教念弥陀専復専」

④『観無量寿経』の文
「具三心者　必生彼国」

⑤善導『往生礼讃』の文
「具此三心必得往生也　若少一心即不得生」

⑥善導『観経疏散善義』の文
「不得外現賢善精進之相　内懐虚仮」

⑦法照『五会法事讃』の文

「不簡破戒罪根深」

⑧善導『法事讃』の文

「三念五念仏来迎」

⑨『大無量寿経』の文

「乃至十念　若不生者　不取正覚」

⑩『法華経』の文

「一念随喜」

⑪『観無量寿経』の文、三文

「汝若不能念」

「応称無量寿仏」

「具足十念　称南無無量寿仏　称仏名故　於念念中　除八十億劫生死之罪」

⑫善導『往生礼讃』の文

「若我成仏　十方衆生　称我名号　下至十声　若不生者　不取正覚」

これらの諸文は『唯信鈔』が念仏往生を語る前半部分に引かれており、後半の当時の疑問に対して聖覚が答える部分にはない。そのため親鸞の解釈もおのずから前半部分に集中している。また右の十二文の中、親鸞が取り上げていないのは、⑦と⑩である。⑦については②ですでに触れているために重複を避けたと思われる。⑩については、『唯信鈔』が「ふかく非権非実の理に達するなり」と解釈しているのを受けて、

「非権非実《ひごんひじつ》」というは、法華宗のおしえなり。浄土真宗のこころにあらず。聖道家《しょうどうけ》のこころなり。かの宗のひとにたずぬべし。（『唯信鈔文意』）

と述べるのみにとどまっている。非権非実は法華宗の教えであるから、法華宗の人に尋ねるように述べている。漢文の法語すべてについて同じように解説しているわけではないのである。ここにも何を伝えるために書いているのかという親鸞の意図が見える。では、親鸞が詳しく解釈を施している部分はどこか、

それをいくつか取り上げておきたい。

「自来迎」

まず①については四句ともに丁寧に解釈していくが、特に「観音勢至自来迎」については詳しい。普通に読むならば「観音菩薩と勢至菩薩がみずから来迎してくださる」という意味になるであろう。それを親鸞は「自来迎」の「自」に二つの意味を見る。一つには「みずから」、二つには「おのずから」である。このように加えられた部分が特に親鸞が伝えたかったことなのである。親鸞は「おのずからというは、自然《じねん》という」といい、来迎が行者のはからいではないことを確かめる。そして、

誓願真実の信心をえたるひとは、摂取不捨の御ちかいにおさめとりて、まもらせたまうによりて、行人《ぎようにん》のはからいにあらず。金剛の信心をうるゆえ

に、憶念自然なるなり。この信心のおこることも、釈迦の慈父、弥陀の悲《ひ》母《も》の方便によりて、おこるなり。これ自然の利益《りやく》なりとしるべしとなり。

と述べる。信心を得た人は、摂取不捨の本願におさめとられ、まもられるという。また仏を憶念することも自然であるという。しかもその信心が起こることも釈迦・弥陀二尊のはたらきによるものであって「自然の利益」であるという。最後の「しるべしとなり」という言葉には、知ってほしいという親鸞の強い呼びかけがある。

これが「来迎」の解釈へと続く。親鸞はまず「「来迎」というは、「来」は、浄土へきたらしむという」と述べる。観音・勢至が来迎するというのではなく、衆生を浄土に来させるという意味に読んでいる。さらに「来」に「かえる」という意味を見て、次のように述べる。

また「来」は、かえるという。かえるというは、願海にいりぬるによりて、かならず大涅槃にいたるを、法性《ほっしょう》のみやこへかえるともうすなり。法性のみやこというは、法身《ほっしん》ともうす如来の、さとりを自然にひらくときを、みやこへかえるというなり。これを、真如実相を証すともともうす。無為法身ともいう。滅度にいたるともいう。法性の常楽を証すともともうすなり。このさとりをうれば、すなわち大慈大悲きわまりて、生死海《しょうじかい》にかえりいりて、普賢《ふげん》の徳に帰せしむともうす。この利益におもむくを、「来」というう。これを法性のみやこへかえるともうすなり。

ここには、「来」が「かえる」と押さえられ、「法性のみやこへかえる」として解釈されている。しかも、その内容として一つには「かならず大涅槃にいたる」といわれ、もう一つには「このさとりをうれば、すなわち大慈大悲きわまりて、生死海にかえりいりて、普賢の徳に帰せしむ」と述べ、還相回向の利益までが語られている。観音菩薩・勢至菩薩が衆生を浄土に往生させようと来迎するという元々の文脈が、大きく展開していることが分かる。それは続く「迎」

の意義を述べる中でも、原文にはない『大経』の言葉を引いて、往生が「不退転に住する」ことであるといい、また「正定聚のくらいにさだまる」ことであると語る。ただ、この説き方は親鸞においては決して特異なものではない。『教行信証』において、念仏往生を念仏成仏とまで語っていく親鸞からすれば、むしろ当然のことと言ってよい。驚くべきは、念仏成仏という浄土教がもつ重要な意義を、関東の人々に送った和語の著作においても同様に語っていることである。単に『唯信鈔』に出る漢文法語の解釈なら、ここまでする必要はなかったであろう。しかし、『唯信鈔』を書き送って「念仏往生」の意味を確かめる際に、来迎の中身を押さえておく必要があったのである。その理由を推測すれば、来迎や往生が一般に流布している言葉だけに、その意味内容を十分に押さえておかねばならないという考えが親鸞にあったからだと思われる。これは後に見ていく『一念多念文意』にも共通する特徴である。

「具縛の凡愚」

次に、親鸞が特に加えて解釈をしている部分として注目されるのは、②の偈文について述べる中、「具縛《ぐばく》の凡愚《ぼんぐ》、屠沽《とこ》の下類《げるい》」という言葉を用いている箇所である。「但使回心多念仏《たんしえしんたねんぶつ》」という言葉に関して、「「回心」というは、自力の心をひるがえし、すつるをいうなり」といい、それを受ける形で次のように述べていく。

自力のこころをすつというは、ようよう、さまざまの、大小聖人《しょうにん》、善悪凡夫の、みずからがみ（身）をよしとおもうこころをすて、みをたのまず、あしきこころをかえりみず、ひとすじに、具縛の凡愚、屠沽の下類、無碍光仏の不可思議の本願、広大智慧の名号を信楽《しんぎょう》すれば、煩悩を具足しながら、無上大涅槃にいたるなり。

一読するだけでは意味のとりにくい長い文章という印象をうける。それは、「具縛の凡愚、屠沽の下類」という言葉が文中に入れられているために、何が主語かがすぐには分からないためである。一旦、「具縛の凡愚、屠沽の下類」を括弧に入れて、抜いて読んでみることにしたい。

〈訳〉自力の心を捨てるというのは、様々な在り方をしている大小の聖人や善悪の凡夫が、自らの身を善しと思う心を捨てて、身をたのむことなく、悪しき心をかえりみず、ひとすじに無碍光仏の不可思議の本願と広大智慧の名号を信楽すれば、煩悩を具足したままで無上大涅槃にいたるのである。

一応、このように読むことができよう。自力の心を捨てるということについては、「広大智慧の名号を信楽す」ということで説明が尽きている。その後の「煩悩を具足しながら、無上大涅槃にいたるなり」は、自力の心を捨てるところに成り立つ利益が語られている。その二つが合わせて述べられている文である。では、さきほど括弧に入れた「具縛の凡愚、屠沽の下類」は、どのような意味になるであろうか。それを考えるに先立って、この言葉についての親鸞の解釈を見ておきたい。

具縛は、よろずの煩悩にしばられたるわれらなり。煩は、み（身）をわずらわす。悩は、こころをなやますという。屠は、よろずのいきたるものを、ころし、ほふるものなり。これは、りょうしというものなり。沽は、よろずのものを、うりかうものなり。これは、あき人なり。これらを下類というなり。

一文字ずつ丁寧に述べられているが、まず「具縛」が「よろずの煩悩にしばられたるわれらなり」と言われる。「彼ら」ではなく「われら」として押さえられている。そして、「屠沽の下類」とは、当時「りょうし」「あき人」が「下

類」と位置づけられていたことを確かめている。少し後の部分では、以上のことをまとめて、

りょうし・あき人、さまざまのものは、みな、いし・かわら・つぶてのごとくなるわれらなり。

と述べている。これを見れば、親鸞が自分自身を「具縛の凡愚、屠沽の下類」と見ていたことは明らかである。もともと、「具縛の凡愚、屠沽の下類」の語は元照の『阿弥陀経義疏』に出るもので、親鸞も『教行信証』「信巻」に引用している。ただ、『唯信鈔』の文脈と直接に関わるものではない。それを、「回心」を解釈する部分に置いたのは、明確な意図があると思われる。

前の章でも尋ねたことだが、親鸞は「浄土宗のひとは愚者になりて往生す」という法然の言葉を晩年にいたるまで憶念して生きていた。とすれば、親鸞にとって「具縛の凡愚」ということは、われら衆生の存在の事実を言い当てた言

葉であったに違いない。「具縛の凡愚」という事実にかえる、あるいは「具縛の凡愚」になる、ここに初めて本願を信楽することも起こるのである。逆に言えば、自らを善しとし、自らの賢さを当てにするところに本願を信楽することは起こるはずもないのである。

「屠沽の下類」

同じように「屠沽の下類」も親鸞にとっては他人のことではなかったと思われる。特に「よろずのいきたるものを、ころし、ほふる」という「屠」に関わっては、『観無量寿経集註』において「下品上生」の経文あたりに置かれた『楽邦文類《らくほうぶんるい》』からの註に、「屠牛」や「殺鶏」という言葉が見える。生き物を殺すという問題について親鸞が注意していたことが分かる。また、書写年時は明らかではないが、親鸞自筆の『烏龍山師《うりゅうざんし》並《ならびに》屠児宝蔵伝《とじほうぞうでん》』が西本願寺に所蔵されている。これも親鸞が「屠」という問題を重視していた例と考えることができる。生き物のいのちを奪って自分の命をつないでいるのがわれわれの事実である。しかし往々にしてその事実を忘れ、自分が「屠」と関わりないかのように考えてしまうことが起こる。「下類」という社会的な位置づけは「屠沽」を自分と切り離して見ることに起因する。親鸞が「われら」と確かめるように、「屠沽の下類」はわれらの事実なのである。とすれば、その事実に立ち帰ること、それがここに「屠沽の下類」という言葉が置かれる意味ではなかろうか。

このように見てくると、先の『唯信鈔文意』の言葉は次のように読めるのではなかろうか。

〈訳〉自力の心を捨てるというのは、様々な在り方をしている大小の聖人や善悪の凡夫が、自らの身を善しと思う心を捨てて、身をたのむことなく、悪しき心をかえりみず、ひとすじに具縛の凡愚、屠沽の下類であるという我が身の事実に立ち帰って、無碍光仏の不可思議の本願と広大智慧の名号を信楽すれば、煩悩を具足したままで無上大涅槃にいたるのである。具縛の凡愚、屠沽の下類であるということは我が身の事実であって、隠すべきことではない。かえって隠そうとしたり、無自覚であることが問題なのである。具縛の凡愚、屠沽の下類である事実に立ち帰るところに、ともに「われら」として生きる世界が開けることを親鸞は呼びかけていると思われる。

「専復専」

もう一つだけ、親鸞が特に解釈を加えている箇所に注目しておきたい。③の善導『法事讃』の文を解釈する中、特に「故使如来選要法　教念弥陀専復専」の部分である。これは『教行信証』では「真仏土巻」と「化身土巻」にも引用されており、親鸞の訓点では「かるがゆえに如来、要法を選びて、教えて弥陀を念ぜしめて、専らにしてまた専らならしめたまえり」と読まれている。一応の意味を取れば、「釈迦如来は弥陀の名号を要法として選び、弥陀を念ぜさせること、専らにして専らならせてくださった」ということになろう。つまり、もっぱら弥陀を念ずることが勧められている文である。では「教念弥陀専復専」について『唯信鈔文意』にはどのように述べられているか。

「教念弥陀専復専」というは、「教」は、おしうという、のりという。釈尊の教勅《きょうちょく》なり。「念」は、心におもいさだめて、ともかくもはたらかぬこころなり。すなわち選択本願の名号を一向専修なれと、おしえたまう御《み》ことなり。「専復専」というは、はじめの「専」は、一行を修すべしとなり。「復」は、またという、かさぬという。しかれば、また「専」というは、一心なれとなり。一行一心をもっぱらなれとなり。「専」は、一ということばなり。もっぱらというは、ふたごころなかれとなり。ともかくもうつるこころなきを「専」というなり。

今注意したいのは、「専復専」について、「はじめの「専」は、一行を修すべしとなり」と言い、「また「専」というは、一心なれとなり」と述べているところである。元の『法事讃』では、七日七夜に専ら念仏することを勧める意図で書かれている。またこの文を引用した『唯信鈔』でも「専修念仏」を勧める文脈なので、「専復専」は言葉を重ねているのである。ところが親鸞は「専」に二つの意味を見ている。一つには「一行を修す」ということ、もう一つは「一心なれ」ということである。「専修念仏」と言えば、とにもかくにも念仏することのように思われがちだが、実は念仏している心がどのような心であるのかが大きな問題である。形としては朝から晩まで称名念仏に励んでいたとしても、それが名誉欲から出たものだとすればどうだろう。果たして念仏と言えるのか。また念仏を称えることによって何らかの利益を得ようとしているのなら、それは功利心を一歩も出ていない。ここに親鸞は念仏する心を問題にしているのである。それが二つめの「専」を「一心なれ」と読ませることにつながっている。

信の転釈

もちろん、『唯信鈔』自身が「信」を中心課題としていることは前にも見た通りである。その意味では、親鸞は聖覚が言及していない部分においても、「信」を強調していると言った方がよいかもしれない。さきほどの文章の続きを見ておきたい。

この一心は、横超の信心なり。横は、よこさまという。超は、こえてという。よろずの法にすぐれて、すみやかに、とく生死海をこえて、仏果にいたるがゆえに、超ともうすなり。これすなわち大悲誓願力なるがゆえなり。この信心は、摂取のゆえに金剛心となれり。これは『大経』の本願の三信心なり。この真実信心を、世親菩薩は、願作仏心とのたまえり。この信楽は、仏にならんとねがうともうすこころなり。この願作仏心は、すなわち度衆生心なり。この度衆生心ともうすは、すなわち衆生をして生死の大海をわたすこころなり。この信楽は、衆生をして無上涅槃にいたらしむる心なり。この心すなわち大菩提心なり。大慈大悲心なり。この信心すなわち仏性なり。すなわち如来なり。

少し長い引用となったが、信心について「横超の信心」「金剛心」「本願の三信心」「真実信心」「願作仏心」「信楽」「度衆生心」「大菩提心」「大慈大悲心」「仏性」「如来」などいくつもの言葉を挙げて転釈している。一見すると言い換えのように見えるが、一つ一つの言葉を挙げるところには、それぞれ背景があることを考えなければならない。『教行信証』などにもこのような転釈はよく見られるところである。今は一々の語の背景まで尋ねることはできないが、親鸞が信心を「『大経』の本願の三信心」と述べていることに着目したい。これも『唯信鈔』の元の文章には出てこない親鸞独自の「信心」の確かめ方である。

「如来よりたまわりたる信心」

一般に信心といえば、信ずる主体は私の方にあって、私が何かを信ずるという意味で用いられる。場合によっては「信心する」という動詞として使われることもある。しかし、親鸞においては、信心とは私が起こすものではない。親鸞自身の体験から言っても、よき人法然との出遇いによって得られたのである。自分が起こしたのではなく、教えられて気づかされたのである。それを最もよく表わす言葉が『歎異抄』の「如来よりたまわりたる信心」である。はっきりと知らされたという意味では「信知」という言葉でも言われる。また、それによって物事を正しく見ることができるという意味では「信心の智慧」とも言われる。ただ、大切なのは、人間の能力や素質や経歴によって起こすものではなく、教えられて気づかされたという点である。親鸞にとってその教えは、釈尊の教説であり、三国の祖師の論釈であり、よき人の仰せであった。そしてその根源に位置するのが阿弥陀仏の本願である。

ここで述べられる「『大経』の本願の三信心」とは、直接には『大経』第十八願が説く「至心・信楽・欲生」の三心を指している。詳しくは『教行信証』「信巻」で論述されているが、衆生に信心が起こるのは如来の願心の回向成就であることが主題である。如来のはたらきによって起こる信心であるが故に、誰においても平等に迷いを超えて真実の証に至ることが成り立つのである。これは真実証を求めながらも得られなかった旧来の仏教に対して、真に生きた仏教を掲げるという意義をもつものであった。『唯信鈔文意』では、そこまで述べているわけではないが、「『大経』の本願の三信心」という言葉で、衆生が能力や資質に応じて起こす信心でないことが確かめられている。このことは後にも、

釈迦は慈父、弥陀は悲母なり。われらがちち・はは、種種の方便をして、無上の信心をひらきおこしたまえるなりと、しるべしとなり。

と述べられている。ここにも「しるべしとなり」という親鸞の強い願いが現れている。

信心については更に「他力の三信心」と押さえられ、それが続く「具三心者必生彼国」の「三心」を解釈していく際にも基盤に据えられることになる。『観経』に説かれる「至誠心・深心・回向発願心」という三心についての解釈の中で、『大経』の三信心が述べられている。この一連の文章を読むならば、はじめに「一心なれ」「ふたごころなかれ」と呼びかけられていたことも、決して我々が頑張って一心であろうとするというような話ではない。どこまでも釈迦・弥陀二尊のはたらきによって発起する「他力の信心」であることは明らかである。そのことを親鸞は読む者に語りかけているのである。

以上、親鸞が元の『唯信鈔』にはないにもかかわらず、言葉を加えて解釈している部分で特徴的な箇所をいくつか拾って見てきた。もちろんこれだけにとどまるものではない。ただ、気をつけなければならないのは、『唯信鈔』に不足があったために加えたという意味ではない。それならば再三にわたって『唯信鈔』を書写し、読むことを勧めるはずはない。親鸞はどこまでも『唯信鈔』を読ませようとした。その際に、『唯信鈔』を読み誤らないように、言葉の意味について説明を加え、注意を喚起しているのである。関東の人々のことを思い、後世に念仏往生の法門を間違いなく伝えていこうとする親鸞の意図が見えてくる。それは『唯信鈔』末尾の「われおくれば人にみちびかれ、われさきだたば人をみちびかん。生生に善友となりて、たがいに仏道を修せしめ、世世に知識として、ともに迷執をたたん」という聖覚の願いに呼応するものであったに違いない。

四　隆寛と『一念多念分別事』

『一念多念分別事』著者隆寛

隆寛については、弟子の信瑞が書いたとされる『明義進行集』に事跡をうかがうことができる。また作者も成立年時も不明であるが、後にまとめられたと考えられる『隆寛律師略伝』がある。それらによると、久安四（一一四八）年の生まれで、親鸞より十五歳年長である。多念義の祖というようによく称されるが、後にも述べるように、隆寛自身は多念か一念かという争いを誡めており、どちらか一方にくみしてはいない。元久二（一二〇五）年、慈円が天台座主であった時に「権律師」に補されている（『天台座主記』）。このため、隆寛律師と呼ばれることが多い。

いつ法然の門人に連なったかは明らかではないが、『明義進行集』巻二によれば、元久元（一二〇四）年五十七歳の時に法然から『選択集』の付属《ふぞく》を受けている。著作は多いが、特に建暦二（一二一二）年に法然が滅した後に集中している。法然なき後、念仏往生の教えを受け継いでいく使命が隆寛をして筆を執らしめたと考えられる。『具三心義』二巻、『散善義問答』、『極楽浄土宗義』三巻、『善導和尚十徳鈔』をはじめ、『一念多念分別事』、『自力他力事』、『後世物語』などがある。また、並榎《なみえ》の定照《じようしよう》が『選択集』を批判する『弾選択《だんせんじやく》』を著したのに対して、隆寛は『顕選択《けんせんじやく》』を書いて反論している（『法然上人行状絵図』第四二参照）。残念なことに、両書ともに伝わっておらず、内容を知ることはできない。ただ、この『顕選択』が引き金となって、嘉禄の法難が起こることになる。嘉禄三（一二二七）年七月のことである。その結果、隆寛は陸奥に流罪（実際には相模にとどまる）、幸西（成覚房）は壱岐に、空阿弥陀仏は薩摩に、それぞれ流罪となっている。さらにこの三人の門弟たちが合わせて五十人近くも処罰されるという大きな規模のものであった。その後、隆寛は相模の飯山で嘉禄三（一二二七）年十二月、八十歳で亡くなっている。

親鸞は『尊号真像銘文』において、

日本源空聖人の真影
四明山権律師劉官讃「普勧道俗　念弥陀仏　能念皆見　化仏菩薩　明知称名　往生要術　宜哉源空　慕道化物　信珠在心　心照迷境　疑雲永晴　仏光円頂　建暦壬申三月一日」

の文を挙げている。ここに出る「劉官」は隆寛を意味しており、「建暦壬申《けんりやくにんしん》三月一日」は法然が亡くなって五七日《ごしち》に当たる。隆寛はその導師をつとめている(『本朝祖師伝記絵詞』浄全十七—七六頁)ので、この文は、五七日の際の表白文と思われる。読み下すならば、「普く道俗を勧む、弥陀仏を念ぜよ。よく念ずれば、みな化仏菩薩を見たてまつる。明らかに知りぬ、称名は往生の要術なり。宜しきかな源空、道を慕いて物(衆生)を化す。信心の珠、心に在らば、その心をもって迷鏡を照らし、疑いの雲は永く晴れる。仏の光は(信心の人の)頂に円なり」となろう。『尊号真像銘文』では、この次に法然の『選択集』からの言葉が置かれているが、それに先立って隆寛の表白文が挙げられたということは、法然の仕事を受け止めていく際に、親鸞がこの言葉を重視していたことが分かる。

また、前章でも触れたが、関東の人々に書写して送っていたものの中に隆寛のものが多く見られる。前にも引用した性信房宛の消息には以下のようにある。

おおかたは、『唯信抄』・『自力他力の文』・『後世ものがたりのききがき』・『一念多念の証文』・『唯信鈔の文意』・『一念多念の文意』、これらを御覧じながら、慈信が法文によりて、おおくの念仏者達の、弥陀の本願をすてまいらせおうてそうろうらんこと、もうすばかりなくそうらえば、かようの御ふみども、これよりのちにはおおせらるべからずそうろう。

ここに出る『唯信鈔』は、先に尋ねた聖覚のものであるが、他の『自力他力の文』は隆寛の『自力他力事』であるし、『後世ものがたりのききがき』・『一念多念の証文』もそれぞれ『後世物語』と『一念多念分別事』のことである。そして親鸞自身の『唯信鈔文意』と『一念多念文意』、これらが関東の人々の混乱を収めることにならなかったことを残念に思い、これから後は言ってくれるなという口惜しい気持ちがあふれている。今、手紙の内容には立ち入らないが、隆寛の書物がたくさん送られていたことに注意しておきたい。

正しい念仏とは

その中で、親鸞が文意を書いた『一念多念分別事』に着目したい。隆寛がいつこの書を著したかは分からない。親鸞が書写した自筆本は現存しないが、その古写本が伝えられる。大谷大学に所蔵される「端坊《はしのぼう》旧蔵」の古写本は室町時代末期のものと推定され、「建長七乙卯《きのとう》四月廿三日　愚禿釈善信　八十三歳書写之」の奥書がある。大部のものではなく、表紙も含めて十紙である。冒頭は次の言葉から始まる。

念仏の行につきて、一念多念のあらそい、このごろさかりにきこゆ。これはきわめたる大事なり。よくよくつつしむべし。一念をたてて多念をきらい、多念をたてて一念をそしる、ともに本願のむねにそむき、善導のおしえをわすれたり。

念仏の行について一念多念のあらそいがこのごろさかりにきこえている。これはきわめて重大なことである。よくよくつつしまなければならない、というのである。そして、一念を主張して多念をきらうことも、また多念を主張し一念をきらうことも、どちらも阿弥陀仏の本願の旨に背いており、善導の教えを忘れている、と述べている。当時、念仏について一念か多念かという争いが起こっていたことが分かる。それに対して隆寛は、争うこと自体が本願の旨にそむいていることを教えようとしている。隆寛からすれば、「多念はすなわち一念のつもり」であった。すなわち、一念が重なり積もって多念となるのである。だから多念と一念は別物ではない。だから「一念をはなれたる多念もなく、多念をはなれたる一念もなき」とも言う。それをどちらかに決めようとするのは「偏執」以外の何物でもない。この偏執の在り方を隆寛は「ひとえに多念にてあるべしとさだむる」とか、「ひとえに一念往生をたてて、多念をひがごとという」と押さえている。どれほど念仏に励んでいるように見えても、実は自らの見解に執着しているにすぎないのである。このような「執」が別の形を取って現れるのが有念・無念の論争である。一念・多念にせよ、有念・無念にせよ、その根っこにあるのは「自力」の問題である。この意味では、隆寛が別に『自力他力事』を書いているのは必然のことと言えよう。

『一念多念分別事』の最後に、隆寛は次のように呼びかけている。

おおよそ、一念の執かたく、多念のおもいこわき人々は、かならずおわりのわるきにて、いずれもいずれも、本願にそむきたるゆえなりということは、おしはからわせたまうべし。されば、かえすがえすも、多念すなわち一念なり、一念すなわち多念なりということわりを、みだるまじきなり。

一念ということに執する人も、多念でなければという思いが強い人々も、争いを離れることは出来ないままに一生を終えていかねばならない。一切衆生が傷つけ合うことを超える道を教えようとする本願に背いている在り方と言わねばならない。「多念すなわち一念なり、一念すなわち多念なり」は道理である。この道理をくれぐれも混乱することがあってはならない、と厳しく誡めている。同じ念仏往生の教えを聞きながら、意見の対立から争い合う仲間の姿を目の当たりにして、正しい念仏を次世代に伝えようとした隆寛が思われる。

五　『一念多念文意』の呼びかけ

『文意』に現れた親鸞思想

先に尋ねた『唯信鈔文意』が『唯信鈔』の漢文法語を解釈していたのと同じように、『一念多念文意』は『一念多念分別事』に出る漢文法語の解釈が基本となっている。その意味では、『一念多念文意』も『一念多念分別事』とセットで読まれることを想定していたと考えられる。しかし、『唯信鈔文意』が親鸞の独自の見解を加えて述べられていた以上に、『一念多念文意』は親鸞の思想が至るところに展開されている。それは、『一念多念分別事』が小編の聖教であるというだけの理由にとどまらない。親鸞が明確な意図をもって、独立した一つの書物として『一念多念文意』を書いたという印象を受けるほどである。一言で言えば、念仏往生とは何かを言い切っておきたいという意図が感じられる。

まず、『一念多念分別事』にどのような法語が引用されているかを見ておこう。これも仮に通し番号を付しておく。

①善導『往生礼讃』の文

「恒願一切臨終時　勝縁勝境悉現前」

②『大無量寿経』の文、三文

「諸有衆生　聞其名号　信心歓喜　乃至一念　至心回向　願生彼国　即得往生　住不退転」

「乃至一念　念於彼仏　亦得往生」

「其有得聞　彼仏名号　歓喜踊躍　乃至一念　当知此人　為得大利　則是具足　無上功徳」

③善導『往生礼讃』の文、二文

「歓喜至一念　皆当得生彼」

「十声一念等　定得往生」

④『大無量寿経』の文

「乃至十念」

⑤『阿弥陀経』の文

「一日乃至七日」

⑥善導『観経散善義』の文、二文

「一心専念弥陀名号　行住座臥　不問時節久近　念念不捨者　是名正定之業　順彼仏願故」

「誓畢此生無有退転　唯以浄土為期」

⑦善導『法事讃』の文

「上尽一形　下至十念　三念五念　仏来迎　直為弥陀弘誓重　致使凡夫念即生」

⑧善導『往生礼讃』の文、二文

「今信知　弥陀本弘誓願　及称名号　下至十声一声　定得往生　乃至一念

「若七日及一日　下至十声　乃至一声一念等　必得往生」

無有疑心」

以上である。これも『唯信鈔文意』と相違する点であるが、『唯信鈔文意』では『唯信鈔』に引かれるほとんどの漢文法語について解釈が施されていたが、『一念多念文意』はそのようになっていない。取捨されているといってよい。たとえば、②の二つ目の「乃至一念　念於彼仏　亦得往生」については、他と重なる言葉もあってか触れられていない。また③についても解釈はされていない。⑥の二つ目の「誓畢此生無有退転　唯以浄土為期」についても触れられてはいないし、さらに⑧の二つ目の「若七日及一日　下至十声　乃至一声一念等　必得往生」も特に解釈はされない。このように『一念多念文意』は、単に『一念多念分別事』所引の法語を解説するという形にはなっていない。それは親鸞が課題を整理して述べようとしていることにも起因している。すなわち、「一念をひがごととおもうまじき事」と「多念をひがごとと思うまじき事」

という大きな見出しを立てて、二つの視点から『一念多念分別事』が述べるところをまとめているのである。その中から、親鸞が独自の見解を加えて述べていると思われるところに着目したい。

親鸞独自の見解

まず第一に目にとまるのは、②の一つ目に挙げられる「諸有衆生　聞其名号信心歓喜　乃至一念　至心回向　願生彼国　即得往生　住不退転」を解釈する中で、特に「即得往生」について詳細に論述されていることである。

「即得往生」というは、「即」は、すなわちという、ときをへず、日をもへだてぬなり。また即は、つくという。そのくらいにさだまりつくということばなり。「得」は、うべきことをえたりという。真実信心をうれば、すなわち、無碍光仏の御こころのうちに摂取して、すてたまわざるなり。

「摂」は、おさめたまう、「取」は、むかえとると、もうすなり。おさめとりたまうとき、すなわち、とき・日をもへだてず、正定聚のくらいにつきさだまるを、往生をうとはのたまえるなり。

親鸞は「即得往生」の「即」について、一つには「即時」の意味、もう一つには「即位」の意味を見ている。往生が「ときをへず、日をもへだてぬ」ということは、当時においてだけでなく、現代においてもなかなか受け入れられにくいことではなかろうか。それほど、往生とは死後のこととして考えられがちである。しかし親鸞は明確に浄土に往生を得るのは真実信心を得る、その時であることを押さえている。つまり「即時」である。また、浄土に往生することは決してユートピアに生まれるような話ではなく、仏教が本来求め続けてきた覚りを完成することであると押さえる。それが「正定聚のくらいにつきさだまる」という「即位」の意味である。この「即」の一字についての解釈だけでも、極めて独創的な親鸞の受け止めが元になっていることが分かるが、これにとどまらず、親鸞は続いて『一念多念分別事』には全く出てこない法語を重ねて引用して、往生の内容を確かめていく。

覚りにいたる仏道

はじめには「正定聚」の意味を、以下の文によって展開している。参考までに読み下しを付して引用したい。

『大経』必至滅度の願文

「設我得仏　国中人天　不住定聚　必至滅度者　不取正覚」（設《たと》い我仏を得たらんに、国の中の人天、定聚《じょうじゅ》に住し、必ず滅度《めつど》に至らずは、正覚《しょうがく》を取らじ）

『無量寿如来会』証大涅槃の願文

「若我成仏　国中有情　若不決定　成等正覚　証大涅槃者　不取菩提」（もし我成仏せんに、国の中の有情、もし決定して等正覚《とうしょうがく》を成り、大涅槃《だいねはん》を証せずは、菩提《ぼだい》を取らじ）

『大経』必至滅度の願成就文

「其有衆生　生彼国者　皆悉住於　正定之聚　所以者何　彼仏国中　無諸邪聚　及不定聚」（それ衆生ありて、かの国に生まるれば、みなことごとく正定の聚に住す。所以《ゆえ》は何《いか》ん。かの仏国の中にはもろもろの邪聚《じゃじゅ》および不定聚《ふじょうじゅ》なければなり）

これらの文を解釈した上で、「即得往生」について、次のようにまとめている。

すなわち往生すとのたまえるは、正定聚のくらいにさだまるを、不退転に住すとはのたまえるなり。このくらいにさだまりぬれば、かならず無上大涅槃にいたるべき身となるがゆえに、等正覚をなるともとき、阿毘抜致《あびばっち》にいたるとも、阿惟越致《あゆいおっち》にいたるとも、ときたまう。即時入必定ともうすなり。

ここに述べられる内容は、『教行信証』においても強調されるものであり、親鸞の往生理解をよく示している。往生するとは、正定聚のくらいに定まることであり、不退転に住することであり、無上大涅槃にいたるべき身となることであり、それ故に、「等正覚をなる」、「阿毘抜致にいたる」、「阿惟越致にいたる」、「即時入必定」とも語られる。これらは大乗菩薩道の課題にも応えるのが往生浄土の仏道であることを示している。菩薩道の修行に耐えられない劣った者のためにあるのが浄土の仏道ではない。かえって菩薩道を歩もうとする者も、浄土の教えに帰入するところに無上大涅槃に至ることができると親鸞は語るのである。何が真に覚りにいたる仏道であるかという、仏道の見方の一大転換があると言ってよい。

信心の利益

これを受けて、さらに引用は続く。

『大経』下巻の文

「次如弥勒」（次いで弥勒《みろく》のごとし）

『浄土論註』の文（親鸞は、『浄土論』に曰《い》わく、として引用している）

「経言「若人但聞彼国土清浄安楽　剋念願生　亦得往生　即入正定聚」此是国土名字為仏事　安可思議」（『経』に言《のたま》わく、「もし人ただかの国土の清浄安楽なるを聞きて、剋念《こくねん》して生ぜんと願ぜんものと、また往生を得るものとは、すなわち正定聚に入る」と。これはこれ国土の名字《みようじ》、仏事をなす。いずくんぞ思議すべきや、と)

『龍舒浄土文』の文(取意)

「念仏衆生　便同《べんどう》弥勒」(念仏衆生、すなわち弥勒に同じ)

『観経』の文

「若念仏者　当知此人　是人中　分陀利華」(もし念仏する者は、当《まさ》に知るべし。この人はこれ人中《にんちゆう》の分陀利華《ふんだりけ》なり)

この中、『浄土論註』の文以外は、すべて『教行信証』「信巻」の「真仏弟子釈」に引用されており、信心を得るところにどのような存在たらしめられるのかが示されている。一言で言えば、信心の利益を語る法語と言える。「次如弥勒」とは、弥勒の如くに大涅槃にちかづくことを語っている。それを親鸞は、

　他力信楽《しんぎょう》のひとは、このよのうちにて、不退のくらいにのぼりて、かならず大般《だいはつ》涅槃のさとりをひらかんこと、弥勒のごとしとなり。

と述べ、特に「このよ（世）のうち」における利益であることを押さえている。決して浄土に生まれて後、とは書かれていない。それが、「便同弥勒」とか「人中の分陀利華」とも語られているのである。

　また『浄土論註』の文については「証巻」に「難思議往生」の内容を表す文として引用されており、その読み方は親鸞独特である。「若人但聞彼国土清浄安楽　剋念願生　亦得往生　即入正定聚」について、普通に読むならば、「もし人、ただ彼の国土の清浄安楽なるを聞きて、剋念して願生すれば、また往生

を得て、即ち正定聚に入る」と読むことができる。親鸞の読みは「もし、ひと、ひとえにかのくにの清浄安楽なるをききて、剋念してうまれんとねがうひとと、またすでに往生をえたるひとも、すなわち正定聚にいるなり」となっている。「剋念願生　亦得往生」という部分を「願生する人」と「すでに往生を得た人」の二種類の人と読んでいる。この読みによって、正定聚に入るという利益が、「すでに往生を得た人」だけではなく、「この世」にありながら浄土に生まれることを願う人においても成り立つことが明らかにされている。

現生における利益

このように、『一念多念文意』の文脈においては、信心を得る即時に往生するということがどのような意味を有するのかが確かめられている。特に現生《げんしょう》における利益が強調されていることが分かる。それが更に次の引用へと続いている。

善導『観念法門』現生護念の文

「但有専念阿弥陀仏衆生　彼仏心光常照是人摂護不捨　総不論照摂余雑業行者　此亦是現生護念増上縁」（ただ阿弥陀仏を専念する衆生ありて、かの仏心の光、常にこの人を照らして摂護《しょうご》して捨てたまわず。すべて余の雑《ぞう》業《ごう》の行者を照らし摂《おさ》むと論ぜず。これまたこれ現生護念増上縁なり）

源信『往生要集』の文

「我亦在彼摂取之中　煩悩障眼雖不能見　大悲無倦常照我身」（我またかの摂取の中にあれども、煩悩眼を障《さ》えて見たてまつるにあたわずといえども、大悲倦《もの》きことなくして常に我が身を照らしたまう）

どちらも有名な法語であるが、善導の「現生護念」は、阿弥陀仏を専念する衆生は「この世」において護られることが明確に語られている。また、源信の言葉にも、煩悩によって眼を障えられる者、つまり聖者たり得ない凡夫が、凡夫のままで大悲によって照らされることが語られている。

以上、長々と見てきたが、ここまでが「即得往生」の語を受けて親鸞が解釈を加えている部分である。元の『一念多念分別事』の文脈とは全く別の意図と言ってよいほどである。なぜ親鸞はここまで往生の内容を確かめる必要があったのか。初めの「即時」と「即位」という親鸞の確かめに戻るならば、往生浄土が信心を得ることと即時とは見られていなかったという現状があったからだと思われる。また、往生浄土が大乗菩薩道に比して一段低いものとして見なされていたという現状があったからだと思われる。これは『教行信証』が担っている課題であるが、同じことが和文の著作においても展開されていることが注意される。浄土に往生する仏道の重要さを強調する親鸞の呼びかけがここにはある。

一念・多念——本願のこころ

この後、親鸞は②の「其有得聞　彼仏名号　歓喜踊躍　乃至一念　当知此人為得大利　則是具足　無上功徳」について解釈をほどこし、「一念をひがごととおもうまじき事」の部分を結んでいく。その際に、「一念」が「如来の本願を信じて一念する」と言われ、「一念信心」と確かめられていると思われる。これが『一念多念文意』の中でのもう一つの大きな課題である「念仏」の問題である。つまり、往生が大乗の仏道の課題に応えるものであることが先に押さえられたが、その往生を成り立たせる念仏がいかなるものかという問題である。それを次の「多念をひがごとと思うまじき事」の中に見ていくことができる。

「多念をひがごとと思うまじき事」は、前に挙げた仮の番号で言えば、④の「乃至十念」と、⑤の「一日乃至七日」についての解釈から始まる。これは『一念多念分別事』においても「多念」の経証として置かれている。まず親鸞が確認するのは、「乃至」と本願に誓われる意味について、「称名の遍数さだまらず」ということである。ここには称名を回数で計り価値づけすることが行なわれていた現状がうかがえる。一念・多念を主張すること自体、回数に執われている証拠である。ところが、すでに「乃至」については、「おおきをも、すくなきをも、ひさしきをも、ちかきをも、さきをも、のちをも、みな、かねおさむることばなり」と言われている通り、「乃至」の言には数の多い方も少ない方もおさめられている。それは、どんな者も救い取ろうとする本願のこころが表わされている。つまり、称えた数によって人をわけへだてすることがないのが弥陀の本願である。この本願のこころを忘れていることから一念・多念の争いは起こってくるのである。ここから親鸞はその本願のこころを確かめていく。

また「一日乃至七日」については、

『阿弥陀経』に、「一日、乃至七日、名号をとなうべし」と釈迦如来ときおきたまえる御のりなり。

と述べているように、弥陀の名号を称えよと釈尊が説いてくださった教えの意図を確かめていく。それは「釈尊出世の本懐」であり、更には「諸仏出世の素懐」であるとも述べられる。つまり、釈迦・諸仏が説こうとした本意が念仏往生にあると押さえられていくのである。

諸仏称名の願

これら一連の文章においても、元の『一念多念分別事』には出ていない法語がいくつか引用される。

『大経』諸仏称名の願文

「設我得仏　十方世界無量諸仏　不悉咨嗟称我名者　不取正覚」（設《たと》い我

仏を得たらんに、十方世界の無量の諸仏、ことごとく咨嗟《ししゃ》して我が名を称せずは、正覚を取らじ）

『大経』発起序の文（取意）

「如来所以興出於世　欲拯群萌恵以真実之利」（如来、世に興出する所以《ゆえ》は、群萌《ぐんもう》を拯《すく》い、恵むに真実の利をもってせんと欲してなり）

『浄土論』不虚作住持功徳の文

「観仏本願力　遇無空過者　能令速満足　功徳大宝海」（仏の本願力を観ずるに、遇《もうお》うて空しく過ぐる者なし。よく速やかに功徳の大宝海を満足せしむ）

諸仏称名の願は、『唯信鈔』においても重視されていた。ここでは、諸仏が阿弥陀の名を咨嗟する、ほめたてまつるという意味をまず確かめている。それによって阿弥陀の名をほめることに十方諸仏の本懐があることを示そうとしているのである。これが後に引かれる『大経』発起序の文と関連して、次のように述べられてくる。

> しかれば、『大経』には、「如来所以興出於世　欲拯群萌恵以真実之利」とのべたまえり。この文のこころは、「如来」ともうすは、諸仏をもうすなり。「所以」は、ゆえ、ということばなり。「興出於世」というは、仏のよにいでたまうともうすなり。「欲」は、おぼしめすともうすなり。「拯」は、すくうという。「群萌」は、よろずの衆生という。「恵」は、めぐむともうす。「真実之利」ともうすは、弥陀の誓願をもうすなり。しかれば、諸仏のよにいでたまうゆえは、弥陀の願力をときて、よろずの衆生をめぐみすくわんとおぼしめすを、本懐とせんとしたまうがゆえに、真実之利《しんじつしり》

とはもうすなり。しかればこれを、諸仏出世の直説《じきせつ》ともうすなり。

弥陀の本願を説くのは、独り釈尊の本懐であるのではない。世々に出てくださるすべての諸仏如来の本懐である。それは、弥陀の本願によって「よろずの衆生」が恵み救われていくからである。ここに親鸞は、釈尊の一代説法の帰結として念仏往生の道を見るだけでなく、あらゆる仏の願いとして念仏往生の道があることを確かめている。念仏往生によって一人ももれず迷いを超えていくことを呼びかけているのである。

念仏往生の一道

このような念仏往生の大切さをわきまえていないのが一念・多念の争いである。念仏の教えに触れ、本願についても聞いてきた者の中に、争いが起こっていたのである。親鸞は大きな悲しみをもってその争いを見ていたに違いない。

一念・多念の争いについて、親鸞は次のように述べている。

　一念多念のあらそいをなすひとをば、異学別解《べつげ》のひとともうすなり。異学というは、聖道外道におもむきて、余行を修し、余仏を念ず、吉日良辰《きちにちりょうしん》をえらび、占相祭祀《せんそうさいし》をこのむものなり。これは外道なり。これらはひとえに自力をたのむものなり。別解は、念仏をしながら、他力をたのまぬなり。別というは、ひとつなることをふたつにわかちなすことばなり。解は、さとるという、とくということばなり。念仏をしながら自力にさとりなすなり。かるがゆえに、別解というなり。

　一念多念の争いをする人を親鸞は「異学別解のひと」と言う。異学については、聖道外道におもむいて、余行を修し、余仏を念ず、吉日良辰をえらび、占相祭祀をこのむ、と言い、まとめて「外道」と押さえている。ここに「聖道」までが一括りにされているのは驚くが、親鸞にとっては「これらはひとえに自力をたのむものなり」という意味で同じ問題を見ていたのである。つまり、念仏の教えに遇いながらも、結局は自分勝手に解釈し、教えと異なっていくのである。その根にあるのが「自力」の問題である。これは同様に「別解」についても述べられる。「別解は、念仏をしながら、他力をたのまぬ」と言う。また「念仏をしながら自力にさとりなすなり」と押さえられる。念仏をしながら、当てにしているのは自分の見解であり、自分の能力なのである。阿弥陀仏によってたすけられていく、念仏の根本が見失われているのである。

『一念多念文意』の最後に、親鸞は次のように呼びかけている。

浄土真宗のならいには、念仏往生ともうすなり。まったく、一念往生・多念往生ともうすことなし。これにてしらせたまうべし。

親鸞が法然から教えられた浄土真宗においては、阿弥陀仏を念じて往生を遂げていく道があるのみである。一念往生か多念往生かと言い争うことは、結局は自己主張にすぎないのである。自らの見解を正当化し、他を排除することなのである。ともどもに迷いを超えていく仏道の願いに背くものと言わねばならない。

以上、簡単にではあるが、二つの「文意」を中心に、親鸞の呼びかけを見てきた。遠く離れて生活する関東の念仏者の中に起こっている具体的な問題に応答して、諄々と語る親鸞の言葉が読み取れる。その根には、どこまでも師の法然を通して受け止めた念仏往生の一道を明らかにしたいという願いがあったに違いない。

第三章　「和讃」のこころ

一　和讃の製作

和讃の諷誦

「和讃」とは和語で作られた仏教讃歌で、平安時代以来の古い歴史をもつ。親鸞の和讃は、すべて漢字と片仮名まじりの七五調で書かれ、四句をもって一首と数える。親鸞自身が「和讃」に「ヤハラケ　ホメ」と訓を付している箇所もある通り（国宝本「現世利益和讃」の題名、真宗高田派専修寺蔵）、和らげてほめた歌である。

親鸞製作の和讃は以下の通りで、合計で五百首を超える。（和讃の首数は岩波文庫『親鸞和讃集』に依った）

浄土和讃　百十八首

高僧和讃　百十九首
正像末和讃　百十六首
皇太子聖徳奉讃　七十五首
大日本国粟散王聖徳太子奉讃　百十四首

はじめの三本には、漢字の訓み仮名と四声点が付され、諷誦することが想定されている。また語句の意味を示す左訓も詳しい。声点は「圏発」とも言い、発音の調子、緩急、清濁を示す記号である。右に述べた国宝本には声点の図まで載せられており、正確に音読し諷誦することを願っていたことがわかる。（次頁の図参照）

『浄土和讃』は「弥陀和讃」とも言われ、「讃阿弥陀仏偈」や浄土三部経、および諸経の意によりながら、阿弥陀仏を讃嘆している。また『高僧和讃』は阿弥陀の浄土を勧める七高僧の仕事を讃嘆している。また『正像末和讃』は釈尊の入滅をぐって弥陀の本願による仏道を勧めることに主眼がある。いずれも

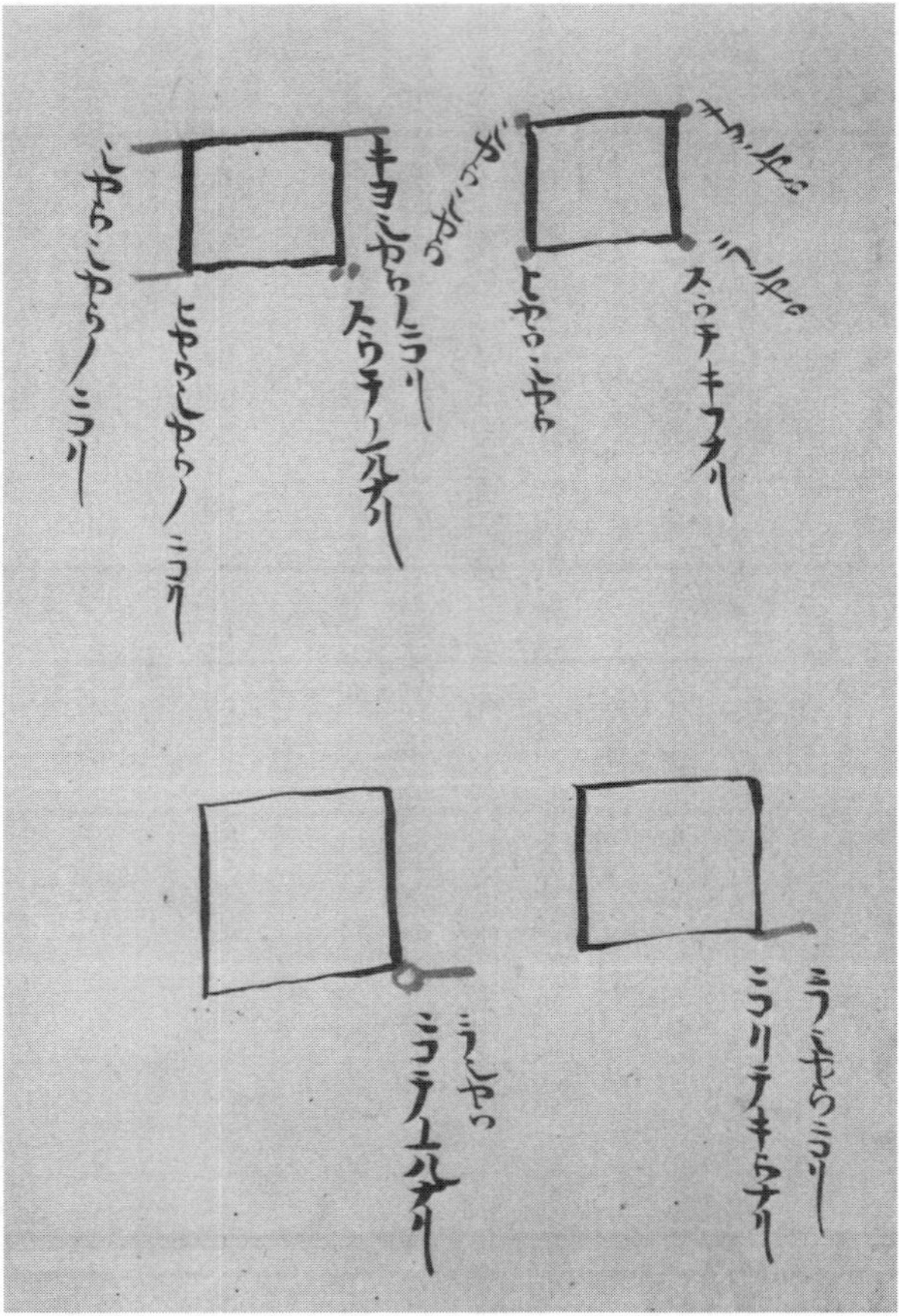

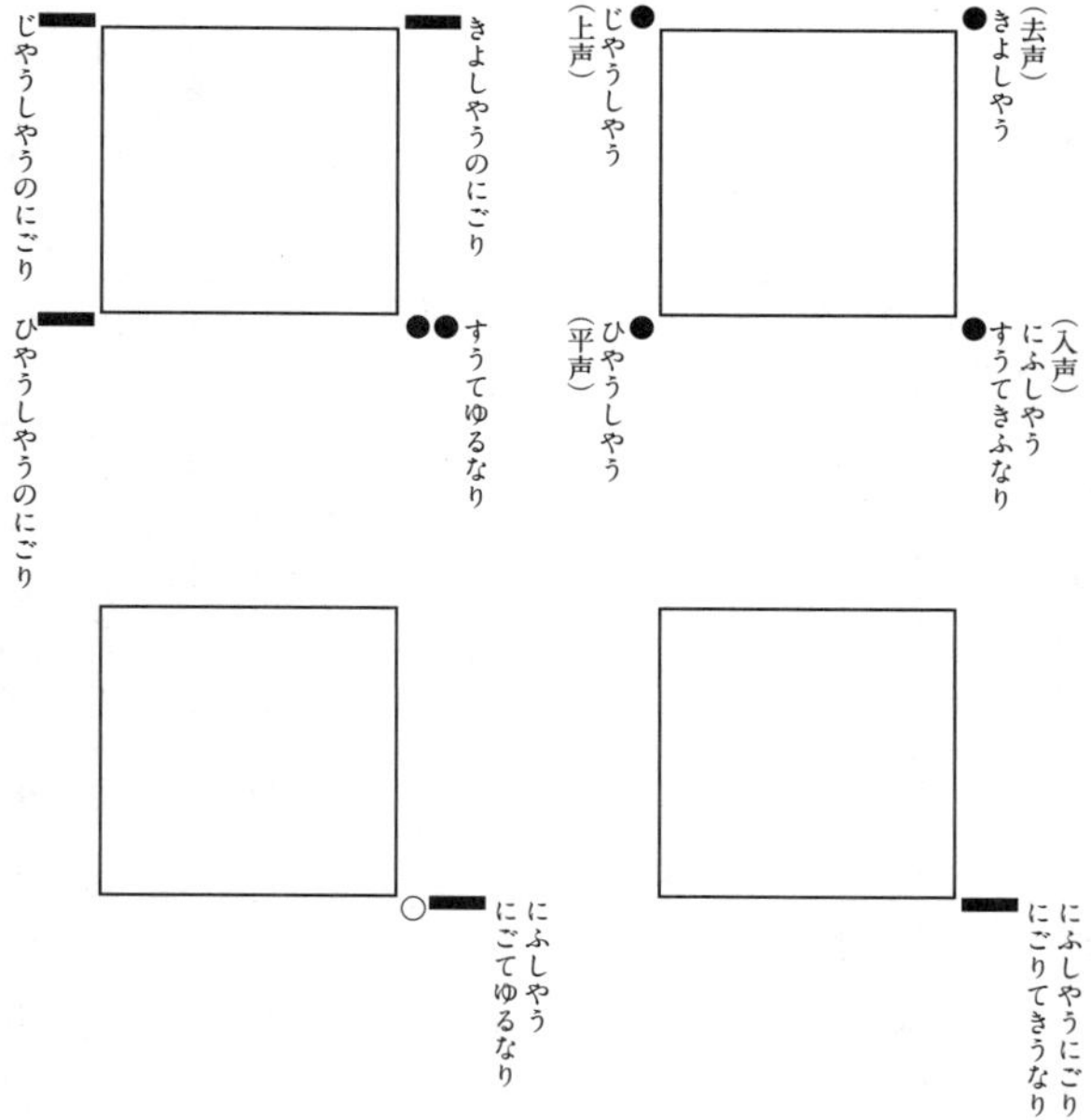

＊四声は
　去声・入声
　上声・平声
の四つ、これに加えて
　清・濁・緩・急
を表わす。

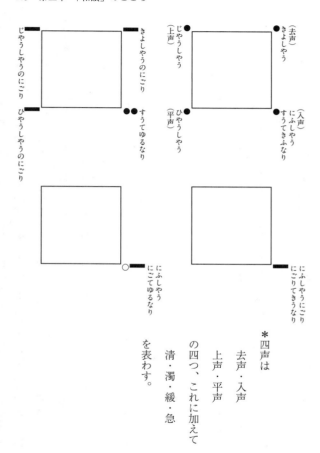

平易な言葉をもって書かれており、諷誦することを通していつでも浄土の教えに触れることが出来るようになっている。親鸞には、越後から関東で出会った多くの人々が思い浮かべられていたに違いない。さらにいえば、「文字のこころ」も知らない人々が、諷誦される声を通して、教えを聞いていくことができることを願っていたに違いない。

誰を目当てとして書いたかということは明記されていないが、覚如の子である存覚の『破邪顕正鈔』には、次のような言葉が見える。

つぎに和讃の事。かみのごときの一文不知のやから経教の深理をもしらず、釈義の奥旨をもわきまへがたきゆへに、いさゝかかの経釈のこゝろをやはらげて無智のともがらにこゝろえしめんがために、ときどき念仏にくはへてこれを誦しもちゐるべきよし、さづけあたへらるゝものなり。

これに依るならば、「一文不知のやから」「無智のともがら」に経釈の趣旨をこころえさせるために、念仏に加えて和讃を誦することを親鸞がさずけたとしている。親鸞自身の言葉ではないが、少なくとも存覚はこのように受けとめていたことが分かる。またこの言葉が「和讃をば往生の業なりと号する」という標題のもとに、それを批判する文脈に出ることを考えるならば、存覚の時代には、親鸞の和讃を誦することに重きをおく人々がいたことを物語っている。つまり、かなり早いころから和讃が諷誦されていたということである。

三帖和讃の開板

現在のように日常の勤行に用いられるようになったのは、蓮如の時代のようである。実悟の編である『本願寺作法之次第』には次のように伝える。

当流の朝暮の勤行、念仏に和讃六首加えて御申候事は近代の事にて候。昔も加様には御申ありつる事有げに候へども、朝暮になく候つる、ときこえ中候。存如上人御代まで六時礼讃にて候つる、との事。

蓮如の父であった存如の時代までは「六時礼讃」が主流であったことが分かる。それを近代、つまり蓮如になって朝と夕方の勤行に念仏に和讃六首を加えて勤めるようになったというのである。六時とは一日に六回、つまり晨朝、日中、逮夜、初夜、中夜、後夜と勤めるものであり、実質的には僧侶でなければ勤めることは難しい。それが、朝暮の勤行として、念仏と和讃を誦するという形に改められたのである。まさに「一文不知」の者が日常生活の中で、教えに出遇っていく道が開かれたと言える。それは一人ももらさず迷い苦しみから解放したいという、阿弥陀仏の本願のこころそのものが形をとったと言ってもよいのではないか。さらに蓮如は、文明五（一四七三）年三月、「正信偈」と合わせて「三帖和讃」を開板する。これによって親鸞の和讃は本願寺門徒を中心に全国に流布することになる。と同時に、親鸞の和讃と言えば、まずは「三帖和讃」を意味することになる。それほど、蓮如によって和讃が広まったことの意味は大きい。

後の二本、すなわち「皇太子聖徳奉讃」と「大日本国粟散王聖徳太子奉讃」は、親鸞における聖徳太子讃仰の歌であるが、その意図と内容については節を別に設けて尋ねたい。

また、これら以外に「帖外和讃」と呼ばれるものが伝えられている。親鸞を仰ぐ人々の間に伝承されてきたものとして興味深い内容をもっている。しかし、親鸞自身の作とは認められないので、今回は触れない。

二　三帖和讃の成立

書写本・板行本

前にも述べたが、三帖和讃とは『浄土和讃』、『高僧和讃』、『正像末和讃』をまとめて呼ぶ際の名前で、かなり古くからの呼称のようであるが、蓮如が開板したことによって全国に流布する。この蓮如開板本を通例にしたがって「文明《ぶんめい》本」と呼ぶことにする。これに先立って一部が親鸞自筆のものが高田派の本山である専修寺に所蔵されており、国宝に指定されている。これを「初稿本」と呼ぶことにする。「草稿本」という呼び方をされることが多いが、決して「草稿」ではないからである。文明本が何を底本としているかは特定できないこともあって、文明本は蓮如の手に成るのではないかという見方もできないわけではない。しかし、蓮如の聖教書写の態度から見て、勝手に和讃を作って補ったり、順序を入れ替えたりしたとは考えにくい。初稿本に親鸞自身が手を加えたか、加筆の指示をして、展開していったと考えるのが自然である。文明本はそれを底本としていると思われる。そのような写本の一つに、初稿本と同じく高田専修寺に所蔵される顕智の書写本がある。正応三（一二九〇）年に書写されたもので、これを「顕智本」と呼ぶことにする。残念ながら『高僧和讃』は現存しないが、明らかに初稿本からの展開が見て取れる。特に『正像末和讃』に関しては、初稿本が未完成であり、文明本との間にかなりの違いがあるが、顕智本はその中間に位置すると考えられる。

三帖の和讃は同時に作られたものではなく、『浄土和讃』と『高僧和讃』は合わせて一セットと言えるが、『正像末和讃』は後に出来上がっている。『浄土和讃』と『高僧和讃』の成立の年代については、「初稿本」の『浄土高僧和讃』の末尾に、次のように記されている。

弥陀和讃高僧和讃

都合二百二十五首
宝治二戊申歳初月下旬第一日
釈親鸞七十六歳書之畢
見写人者必可唱南無阿弥陀仏

これを見れば、宝治二（一二四八）年、親鸞七十六歳の時に作られたことがわかる。『教行信証』が一応の完成を見た翌年である。ここに「都合二百二十五首」とあるのは、初稿本には巻頭の二首はないことに加え、「大勢至菩薩和讃」の八首が数えられていないからである。総数に「大勢至菩薩和讃」が含まれていないことは、「現世利益和讃」の後に「已上弥陀一百八首」と記されていることからも明らかである。どうして「大勢至菩薩和讃」を数に含めなかったのかはよく分からない。

寅時の夢告

『正像末和讃』の成立に関しては年代の特定が難しい。と言うのは、どの時点をもって完成したかが決め難いからである。初稿本は四十一首からなり、文明本や顕智本と数も並び方も大きく異なっている。しかも、第三十五首目に「如来大悲ノ恩徳ハ　身ヲ粉ニシテモ報スヘシ　師主知識ノ恩徳モ　骨ヲクタキテモ謝スヘシ」と歌った後に、「已上三十四首」（数え間違いなのか、それともどれかを外して数えたものかは不明）とした上で、次のように続いている（改行は原本の通りに示す）。いわゆる「夢告讃」である。

康元二歳丁巳二月九日ノ夜
寅時夢告ニイハク
弥陀ノ本願信スヘシ
本願信スルヒトハミナ

摂取不捨ノ利益ニテ
無上覚オハサトルナリ
　コノ和讃ヲ　ユメニオホセヲ
カフリテ　ウレシサニ　カキツケ　マ
　イラセタルナリ
正嘉元年丁巳壬三月一日
　愚禿親鸞八十五歳書之

康元二（一二五七）年の「二月九日ノ夜寅時」ということは、現代の時間の言い方では、二月十日の明け方の四時ころとなる。そこで親鸞は「弥陀の本願信ずべし　本願信ずるひとはみな　摂取不捨の利益にて　無上覚をばさとるなり」の和讃を夢に告げられたのである。「この和讃を、ゆめにおおせをかぶりて、うれしさに書きつけまいらせたるなり」と言うほど、親鸞にとっては大きな出来事であった。誰が夢告の主であるかは明記されていないが、この書きぶりから考えて、師法然が憶念されていることは間違いなかろう。そして、そのことを含めて初稿本に書き記したのが「正嘉元年丁巳壬《うるう》三月一日」ということになる。正嘉元年は三月十四日に康元二歳から改元されたものであり、実際には、夢告を得てから二カ月ほど後ということになる。初稿本では、この後に、さらに五首が書かれている。ということは、『正像末和讃』は八十五歳までに一応「已上三十四首」という部分までは出来上がっていたのであり、夢告を得た後にさらに加筆されていったことが分かる。

この間の事情を知るのに、顕智本が重要な役割をもっている。顕智本の奥書には「草本云　正嘉二歳九月廿四日　親鸞八十六歳」とある。つまり、初稿本に記される年月日より一年半後のものを、顕智は「草本」として見ていることになる。そこに注意されることとして、夢告讃の位置、和讃の順序が変化していること、「愚禿悲歎述懐」が三十三首置かれていることなどが挙げられる。

以上のことを考えると、『正像末和讃』は親鸞が八十五歳になる前にはすでに書きためていたものであり、それが八十六歳の時には顕智が「草本」と呼ぶような形になっていることが分かる。その後、更に加筆されて、現在の文明本の元になるようなものが出来上がっていったことが推定される。

前にも述べたが、親鸞は七十五歳で尊蓮に書写を許すまでの間、『教行信証』の執筆に全精力を傾けていたと思われる。そして『教行信証』を書き上げた次にまとめられたのが『浄土和讃』と『高僧和讃』である。『教行信証』が仏教界・思想界を視野に入れて論理を尽くして浄土の仏道を顕らかにしようとした書物であるのに対して、「和讃」は民衆とともに生きようとする親鸞が、阿弥陀仏の浄土を讃嘆する歌なのである。この意味では、和讃は口に声を出して誦することが最も大事であり、それが親鸞の意にもかなうことである。親鸞の感動が言葉となっている和讃を解釈したり、解説を加えたりすることは、和讃のこころから最も遠いことのように思う。しかしながら、以下、和讃の内容について概観していきたい。

三　三帖和讃の内容

和讃の概観

三帖和讃がどのような内容をもっているかについて概観しておきたい。まずは文明本によって、その内容を列挙しておく。親鸞自身が呼称を明記しているものについてはその名を挙げるが、明記されていないものは仮に名前を付しておく。仮に付したものは〔　〕で示した。

浄土和讃　百十八首
〔巻頭の二首〕　二首
〔讃阿弥陀仏偈の文〕
〔十住毘婆娑論の文〕

讃阿弥陀仏偈和讃　四十八首

浄土和讃

大経意　二十二首

観経意　九首

弥陀経意　五首

諸経のこころによりて弥陀和讃　九首

現世利益和讃　十五首

首楞厳経によりて大勢至菩薩和讃したてまつる　八首

高僧和讃　百十九首

龍樹菩薩　十首

天親菩薩　十首

曇鸞和尚　三十四首

道綽禅師　七首

善導大師　二十六首
源信大師　十首
源空聖人　二十首
〔巻尾の二首、七祖・聖徳太子の列名〕

正像末和讃　百十六首
〔夢告讃〕　一首
正像末浄土和讃　五十八首
〔仏智疑惑和讃〕　二十三首
皇太子聖徳奉讃　十一首
愚禿悲歎述懐　十六首
〔善光寺如来和讃〕　五首
〔自然法爾の法語〕
〔巻尾の二首〕　二首

『浄土和讃』

『浄土和讃』は「愚禿親鸞作」という撰号が置かれている。ただ、一見して分かるように、親鸞が作った歌ではあるが、すべて典拠をもっている。まずは曇鸞の『讃阿弥陀仏偈』、次いで『大経』・『観経』・『弥陀経』、そして『諸経』というように、基づく仏典が明示されている。つまり、親鸞は自らが出遇うことのできた仏法を、仏典に依りながら讃嘆し、人々に勧めているのである。ちょうど『教行信証』「行巻」の末に置かれている「正信偈」が、弥陀、釈迦、七高僧の徳を讃嘆していることとも重なる。かつて曾我量深氏は「伝承と己証」という視点で『教行信証』六巻の構造を押さえ、伝承の巻の末尾にある「正信偈」は、親鸞にまで伝承されてきた仏教に対する讃嘆であることを喝破された。その「正信偈」の内容がさらに展開しているのが、『浄土和讃』と『高僧和讃』と言える。ただ、「正信偈」が六十行・百二十句という言葉に集約して述べられているのに対して、「和讃」の場合は、親鸞の讃嘆の意図が余すところなく歌にされている。

「讃阿弥陀仏偈和讃」

「讃阿弥陀仏偈和讃」四十八首は、曇鸞の『讃阿弥陀仏偈』に依りながら、阿弥陀仏とその国である安楽浄土の功徳が歌われている。冒頭の、

弥陀成仏のこのかたは　いまに十劫《じっこう》をへたまえり
法身《ほっしん》の光輪きわもなく　世《せ》の盲冥《もうみょう》をてらすなり

の一首は人口に膾炙《かいしゃ》しているが、弥陀の徳を讃ずる際に、衆生の利益《りやく》が合わせて語られるのが「讃阿弥陀仏偈和讃」の特徴である。ここで言うならば、「法身の光輪きわもなく」という弥陀の徳を語ると同時に、「世の盲冥をてらす」という形で、この世を生きる衆生に焦点が当てられている。現に衆生に対して

はたらく弥陀が、和讃では特に重視されているように思われる。長い文章であれば、弥陀のはたらきについて書き連ね、その後に衆生が受ける利益についてまとめるということもあろう。和讃はわずか四句であるが故に、その一首に両方が盛り込まれていると言ってよい。もちろん、連作の一続きとして読むべき和讃もあるが、一首ずつ取り出しても味わうことができるようになっているのである。

「浄土和讃」――「大経」「観経」「弥陀経」のこころ

「讃阿弥陀仏偈和讃」の次には「浄土和讃」「愚禿親鸞作」という表題と撰号が改めて掲げられ、「大経意《だいきようのこころ》」二十二首、「観経意《かんぎようのこころ》」九首、「弥陀経意《みだきようのこころ》」五首が置かれる。狭く見れば、この浄土三部経の意による和讃であろうが、大きく見れば、後の「諸経意」と「現世利益《げんぜりやく》和讃」を含めての表題とも取れる。表題の直前には、特に『観経』の説法に関わる仏や菩薩、その他の人々の名がつらねられている。

阿弥陀如来
釈迦牟尼如来
頻婆娑羅王
提婆尊者

観世音菩薩
大勢至菩薩
富楼那尊者
大目犍連
阿難尊者
韋提夫人
耆婆大臣
月光大臣
阿闍世王
雨行大臣
守門者

阿弥陀如来から守門者にまで至る列名を見る時、浄土の教えは具体的な人を通して証されてきたものということが思われる。教えだけが独り歩きすることはない。教えは必ず人の上に生きてはたらくということである。しかし、人が仏法に遇うとはなまやさしいことではない。自らの能力、素質、経歴などを当てにしている間は、決して遇うことはできない。韋提希で言えば、我が身が宮殿の奥に幽閉されるということを通して、初めて浄土の教えに遇う機縁が熟したのである。それまでは、目の前に釈尊がましませども、浄土の教えは求めなかったのである。浄土の教えが難解だからなのではない。我が身が当てになる間は、浄土の教えを必要としない、それが教えに遇えない難しさの本質である。そのような難しさを親鸞は「ああ、弘誓《ぐぜい》の強縁《ごうえん》、多生《たしょう》にも値《もうあ》いがたく、真実の浄信、億劫にも獲《え》がたし」（『教行信証』序）と語っている。「大経意」・「観経意」・「弥陀経意」と展開される和讃は、このような衆生の在り方に応答して、浄土の教えに帰入せしめようと呼びかける仏意が歌われている。仏意とは、一切衆生を救わんとする弥陀の願意であり、その願意を広く説かんとする釈尊の教意であり、さらには弥陀・釈迦の意を証誠せんとする十方恒沙の諸仏の意である。和讃は親鸞が人々に勧める言葉ではあるが、このような仏意を親鸞自身が聞き続けていた言葉でもあったに違いない。

これが次の「諸経のこころによりて弥陀和讃」九首にもつながっている。「諸経のこころ」は、『妙法蓮華経』・『目連所問経《もくれんしよもんぎよう》』（『安楽集』所引）・『大般涅槃経《だいはつねはんぎよう》』・『華厳経《けごんぎよう》』・『称讃浄土経《しようさんじようどきよう》』・『名号大事因縁経《みようごうだいじいんねんぎよう》』などにその元をもとめることができる。今一々の典拠にさかのぼって述べることはしないが、親鸞がどれほど広い視野から阿弥陀仏の仏道を掲げていこうとしたかが窺い知られる。それは、『教行信証』で言えば、釈尊が一代をかけて説いた教えが弥陀の浄土に帰結することを明かそうとする「化身土巻」の課題と通じている。

「現世利益和讃」

次の「現世利益和讃」十五首についても、現世利益を求める衆生に応答して、阿弥陀仏の仏道を掲げていこうとする意図が読み取れる。もともと親鸞は「現生」や「この世」のことを強調しようという意図が強いと言える。それは、浄土往生が来世を期待したり、臨終の来迎を待つということと結びつけて考えられやすく、現実の生とどう関わるかが受け取られにくかったことにある。『教行信証』「信巻」において「現生十種の益」が述べられ、また和語の著作においても（『三経往生文類』ほか）、「信心」が決定《けつじょう》する即時に正定聚に住する「現生正定聚」が語られるのも、この故である。ただ、

仏号むねと修《しゅ》すれども　現世《げんぜ》をいのる行者をば
これも雑修《ざっしゅ》となづけてぞ　千中無一《せんじゅうむいち》ときらわるる

と『高僧和讃』の「善導讃」にも言われるように、「現世をいのる」ことは徹底して誡められている。教えが現実の生にはたらいてくることは大切である。しかし、現世の利益を期待することは、人間の欲望の延長にすぎないからであ

る。

現世について、このように留意している親鸞から考えると、この「現世利益和讃」はかなり民衆の願いに寄り添った表現を取っている。いわば、現世の利益を期待させるかのような表現である。念仏の人を善鬼神がまもるとか、悪鬼神がおそれるなどの元にあるのは、「現生十種の益」の第一に挙げられる「冥衆護持の益」であり、さらには源信の『往生要集』にもさかのぼることができる。ただ、滅罪の利益は親鸞の他の著作を見ても極めて特異であると言わねばならない。そこまで踏み込んで語る必要が親鸞にはあったに違いない。しかし、その場合でも親鸞が現世利益を単に個人的な要求がかなえられることとはしていないことが注意される。それが、特に第一首・二首目に読み取れる。

阿弥陀如来来化《らいけ》して　息災延命のためにとて
金光明の寿量品　ときおきたまえるみのりなり
山家《さんげ》の伝教大師は　国土人民《にんみん》をあわれみて

七難消滅の誦文《じゆもん》には　南無阿弥陀仏をとなうべし

「金光明の寿量品」とは、『金光明経』四巻、あるいは『金光明最勝王経』十巻を指す。「鎮護国家の三部経」にも位置づけられる通り、国の平安を願うことと深く結びついた経典である。その「寿量品」には、釈迦如来の寿命が無量であることが説かれるが、それは国の平安という課題に応えたものである。文明本では「息災延命」に「シチナンヲト、メ　イノチヲノヘタマフナリ」（七難をとどめ、命を延べたまうなり）という左訓が付されているが、この意を押さえたものである。それが続いて、「山家の伝教大師」である最澄が「国土人民をあわれみて」、「七難消滅の誦文」に南無阿弥陀仏をとなえることを勧めたという和讃になっている。この元は『七難消滅護国頌』であろうが、原文には「念仏を修せん」とあるのみで、南無阿弥陀仏とは明記されていない。ここには親鸞の受け止めが強く反映されている。

このように、「現世利益和讃」は、災難、罪障、鬼神などを怖れをもって生きる人々に対して、南無阿弥陀仏をとなえるところに護られて生きる道があることを示している。そこには、何に帰依して生きるべきかという、親鸞の強い呼びかけが感じられる。

「大勢至菩薩和讃」

『浄土和讃』の最後は「首楞厳経によりて大勢至菩薩和讃したてまつる」八首である。この「大勢至菩薩和讃」が典拠としている『首楞厳経』は、詳しくは『大仏頂如来密因修証了義諸菩薩万行首楞厳三昧経』というが、親鸞はこの名を挙げてはいない。分類するならば密教系統に属する経典である。親鸞はここから大勢至菩薩のはたらきを読み取っている。親鸞が「真仏土巻」に引用する飛錫《ひしやく》の『念仏三昧宝王論』にも述べられており、その関係も気になるところである。この和讃の末尾には「已上大勢至菩薩　源空聖人御本地也」とあり、親鸞が大勢至菩薩のはたらきを具体的には法然の上に仰いでいたことが知られる。今はその仕事を特に第七・八首目に見ておきたい。

われもと因地《いんじ》にありしとき　念仏の心《しん》をもちてこそ
無生忍《むしょうにん》には　いりしかば　いまこの娑婆界にして
念仏のひとを摂取して　浄土に帰せしむるなり
大勢至菩薩の　大恩ふかく報ずべし

これは『首楞厳経』にある「我本因地　以念仏心　入無生忍　今於此界　摂念仏人　帰於浄土」の経言が元になっている。『教行信証』に引用されることはないが、『尊号真像銘文』では『大経』の次に引いて親鸞が自ら解釈を加えている。

「我本因地」というは、われもと因地にしてといえり。「以念仏心」というは、念仏の心をもってという。「入無生忍」というは、無生忍にいるとなり。「今於此界」というは、いまこの娑婆界にして、というなり。「摂念仏人」というは、念仏の人を摂取してという。「帰於浄土」というは、念仏の人、おさめとりて浄土に帰せしむとのたまえるなりと。

経典が説く「念仏の心を以て無生忍に入り」、「今この娑婆界にして念仏の人を摂取して浄土に帰せしむ」という勢至菩薩の姿を親鸞は法然に見たのである。後の法然に対する和讃でも、

源空勢至と示現し　あるいは弥陀と顕現す

（『高僧和讃』源空讃9）

と歌われる通りである。ならば、『高僧和讃』に位置してもよさそうであるが、そうではない。やはり『浄土和讃』の最後に置かれたということは、弥陀のはたらきの展開として大勢至菩薩を見るべきであろう。具体的に人の姿をとってはたらきかける弥陀、そこまでを親鸞は「弥陀和讃」としているのである。

『高僧和讃』——七祖の讃仰《さんごう》

次の『高僧和讃』は百十九首からなる。顕智本の題号は「浄土高僧和讃」となっている。また文明本の尾題は「已上　七高僧和讃」となっている。文字通り、浄土の七高僧の仕事と恩徳を歌ったものである。撰号は『浄土和讃』と同じく「愚禿親鸞作」である。七人それぞれに「釈文に付けて」という語が置かれているように、七高僧の著述を元にし、それに依りながら和讃したことを表わしている。

今、七高僧の仕事について一々述べることはしないが、『高僧和讃』の特徴的な点を挙げておきたい。一つ目は「正信偈」とも共通することであるが、七高僧の膨大な仕事や著述に関して全般的に触れることはしていないという点である。浄土の七高僧という視点からすれば当然とも言えるが、阿弥陀仏の本願の仏道を明らかにし、伝えてきたことに絞って歌われている。そのため、何故に親鸞が七高僧を浄土の祖師として仰いだかを端的に知ることができる。

もう一つは「正信偈」では龍樹・天親・曇鸞が十二句ずつ、道綽・善導・源信・源空が八句ずつに整えられている。和讃の場合は数を合わせるよりも、讃嘆すべきことが歌われている。その結果として、曇鸞が三十四首、善導が二十六首、源空が二十首という数になっている。首数がそのまま重要度を語るということではないにしても、親鸞が歌わずにおれなかった意図がうかがえる。

その中でも曇鸞と源空については伝記を通しての事績が歌われている。たとえば、曇鸞に対しては、迦才《かざい》の『浄土論』の記述をもとに、次のような和讃を作っている。

本師曇鸞大師をば　梁《りょう》の天子蕭王《そうおう》は
おわせしかたにつねにむき　鸞菩薩《らんぼさつ》とぞ礼《らい》しける　（曇鸞讃34）

内容とすれば、梁の国王であった武帝が曇鸞を敬い、曇鸞がまします北の方に向かっていつも「鸞菩薩」と礼拝していた、というものである。この迦才の『浄土論』の言葉については、『尊号真像銘文』においても解釈されている。なぜ親鸞はそこまで注目したのであろうか。一見すると、国王が礼拝したということをもって曇鸞を権威づけしているようにも読める。しかし、親鸞にとっては、仏法が世間に生きてはたらいたことの証を、この伝から受け止めているように思われる。「世俗の君子」といえども、問わずにおれない、仰がずにおれないものが仏法であることを示す事績といえる。これは法然についても同様であり、

源空勢至と示現し　あるいは弥陀と顕現す
上皇群臣尊敬《しょうこうくんしんそんきょう》し　京夷庶民欽仰《きょういしょみんきんごう》す
（源空讃9）

と歌われるように、上皇も群臣も尊敬し、みやこやいなかの庶民がみな敬い仰いだことが述べられる。世間が仰がずにおれない仏法が、法然を通して具体的

に明らかになったことを讃えているのである。

『正像末和讃』――無仏の迷いを超えて

三帖和讃の最後に位置する『正像末和讃』は、文明本では百十六首を数える。先にも触れた通り、『浄土和讃』・『高僧和讃』二帖と『正像末和讃』は書かれた時期が同じではない。そこには、前の二帖を作った後に、更に課題になったことがあるからである。親鸞が出遇った本願の仏道が前の二帖で歌われているのに対して、『正像末和讃』はなぜ本願の仏道でなければならないのかを語っている。その基点にあるのが「釈尊の入滅」という事実である。

聖道《しょうどう》仏教は、自ら修行を励んで仏果に至ることを目標としている。いわば、釈尊を手本とし、釈尊の悟りに近づく道である。しかし、悟りに近づいていることは何をもって証明し得るだろうか。もし釈尊在世の時代であれば、正しく修行を重ねているかどうかを釈尊に尋ねることも可能であろうが、釈尊入滅後

の無仏の時において、それは願うべくもない。ここに親鸞は、『教行信証』「化身土巻」において、

信《まこと》に知りぬ、聖道の諸教は、在世正法《しょうぼう》のためにして、まったく像末・法滅の時機にあらず。すでに時を失し機に乖《そむ》けるなり。浄土真宗は、在世・正法・像末・法滅、濁悪《じょくあく》の群萌《ぐんもう》、斉しく悲引したまうをや。

と言い切ることになった。聖道の諸教は在世正法という限られた状況においては成り立つものの、像末・法滅の時機においては仏道たりえないことを明言している。そして、本願の仏道である浄土真宗は、時をも機をも簡《えら》ばないことを掲げているのである。このことは、和讃においても、

聖道権仮《ごんけ》の方便に　衆生ひさしくとどまりて
諸有《しょう》に流転の身とぞなる　悲願の一乗帰命せよ

（「浄土和讃」大経意22）

と『浄土和讃』で述べられている。聖道仏教は権仮の方便の教えであり、それにとどまるならば、かえって流転を重ねることにしかならない。「悲願の一乗」である浄土真宗に帰せよとの呼びかけである。文明本では「正像末浄土和讃」という表題の元に五十八首が歌われ、その末尾は「正像末法和讃」となっている。この五十八首には、無仏の時という現実を踏まえて、真に迷いを超えていく道がどこにあるかを示そうとする親鸞の叫びが貫かれている。

文明本を見ると、『高僧和讃』の末尾に、以下の列名がある。

天竺　龍樹菩薩
　　　天親菩薩
震旦　曇鸞和尚
　　　道綽禅師
　　　善導禅師
和朝　源信和尚

源空聖人　　已上七人

聖徳太子　敏達天皇元年

正月一日誕生したまう

当二仏滅後一千五百二十一年一也

この文は初稿本、顕智本にはともに無いので、いつの時点で書かれたかは分からないが、七高僧の次に聖徳太子が置かれ、年代の算定が行なわれている。敏達天皇元年は西暦では五七二年に当たり、それが「仏滅後一千五百二十一年」と言われている。この記述にしたがえば、親鸞は仏滅を紀元前九四九年と考えていたことが分かる。これは「化身土巻」の「周の第五の主、穆王五十一年壬申に当れり」とあるのとも符合する。ともかく、親鸞は聖徳太子が仏滅後一五二一年に誕生したことを確かめている。そして正法五百年、像法一千年の説に立つならば、日本の仏教がその始まりから末法にあったことを押さえているのである。この『高僧和讃』の末尾は、『正像末和讃』への展開と、聖徳太子讃仰との関連を物語っていると思われる。

初校本からの展開

『正像末和讃』は初稿本から顕智本、さらには文明本へと首数・順序ともに著しく変化している。先にも見た通り、初稿本における「已上三十四首」（実際には三十五首）という部分が最も早い成立であり、「康元二歳」に夢告を得て、さらに加筆されていったものである。初稿本において、夢告讃の後に加えられたものは次の五首である。今、仮に通し番号を付す。

①真実信心の称名は　弥陀回向の法なれば
　不回向となづけてぞ　自力の称念きらはるゝ
（正像末和讃38）

②大日本国粟散《ぞくさん》王　仏教弘興の上宮皇
　恩徳ふかくひろくます　奉讃たえずおもふべし

③上宮太子方便し　和国の有情をあわれみて
　如来の悲願弘宣せり　慶喜奉讃せしむべし
（皇太子聖徳奉讃9）

④罪業もとより所有なし　妄想顛倒《もうぞうてんどう》よりおこる
　心性《しんしょう》もとよりきよければ　衆生すなわち仏なり

⑤無明法性ことなれど　心はすなわちひとつなり
　この心すなわち涅槃なり　この心すなわち如来なり

①は顕智本・文明本ともに第三十八首目に置かれる。②はこのままの言葉はないが、後の太子和讃に展開したものが見られる。③は「大日本国粟散王聖徳太子奉讃」の第二首目にほぼそのままの形で置かれる。④は顕智本には見られないが、文明本の「愚禿悲歎述懐」に意味を変えて置かれている。⑤は現存する親鸞の著作のどこにも見られない。これらを見るとき、初稿本に書きつけられたものが、後の和讃の基礎になっていることが分かる。しかも聖徳太子の讃仰が、「正像末」という時代認識と結びついているのである。

ここで一つ注意しておきたいのは、④と⑤に関わってである。④は文明本においては、次のような文言に変わっている。

罪業もとよりかたちなし　妄想顚倒のなせるなり
心性もとよりきよけれど　この世はまことのひとぞなき（愚禿悲歎述懐14）

同じような言葉に見えるが、意味はまったく逆転していると言わなければならない。上の④では、衆生の罪業が「妄想顚倒」より起こるものであって、実体がないと述べることに主眼がある。それ故、衆生の心性は本来清浄であるので、衆生はそのまま仏であると言われている。これは、一切衆生が仏になることを掲げる大乗仏教においては道理として、ながらく語られてきたことであり、「心性本浄」とも言われる。親鸞もそれに基づいて、④と⑤の和讃を一旦は作ったと思われる。しかし、道理として語られてはいても、実際はどうなっているのか、ここに親鸞の課題があった。本来清浄であると言われても、清浄性を我が身において顕現し得ないという事実を重視したのである。親鸞自身が比叡山を下山したのも、この問題に関わってのことであった。それ故、理としての「心性本浄」を掲げるのではなく、現実を押さえて「この世はまことのひとぞなき」と言葉を変えていったと思われる。そして⑤については、これ以降に書写された本には載せられなかったのである。しかしながら、一旦は④と⑤を歌った親鸞の意図はどこにあったのだろうか。聖道仏教が掲げる理念に則りながら、浄土の仏道がそれにも応える意義をもっていることを述べようとしたのであろうか。ただ、八十五歳で夢告讃を得てからは、④と⑤の表現をひかえて、衆生の現実に重きを置いていったことは間違いない。このあたりは、親鸞の他の著述にも見られる、八十五歳以降の書き改めや、改訂とも照らし合わせて、親鸞の中でどのような思想展開があったかを確かめていく必要がある。

「善信」の撰号

もう一つ、『正像末和讃』を手にする時に気になるのは、撰号の問題である。

　初稿本では「愚禿親鸞」と見え、顕智本にも「愚禿親鸞作」とある。それが文明本では、「正像末浄土和讃」の題号下に「愚禿善信集」とあり、また「皇太子聖徳奉讃」の題号下には「愚禿善信作」とある。昨今、「善信」という名は房号であるとする見解もあるが、房号を撰号にするとは考えにくい。私は、法然門下で「夢の告に依って、綽空の字を改めて」と言われる名のりが「善信」であったと考える。これについては、井上円氏の論考（「「名の字」考」『新潟親鸞学会紀要』第四号所収）に詳しいので参照されたいが、師の教えを「善く信ずる」という仏弟子の立場を闡明《せんめい》にした名のりである。そして「夢の告」とは十九歳の磯長《しなが》での夢告、すなわち「善信善信真菩薩」を指すと思われるので、「善信」という名には、聖徳太子と師法然を憶念する意が込められていると考えられる。夢告讃の次に題号と「愚禿善信集」、「皇太子聖徳奉讃」のもとに「愚禿善信作」とあることは、とてもたまたまとは思えない。考えるべき課題は多いが、今は問題の指摘にとどめたい。

四　「仏智疑惑和讃」「愚禿悲歎述懐」

文明本と顕智本

文明本には、「正像末法和讃」五十八首の後に、「仏智疑惑和讃」二十三首、「皇太子聖徳奉讃」十一首、「愚禿悲歎述懐」十六首、「善光寺如来和讃」五首、「自然法爾の法語」、「巻尾の二首」が置かれている。

まずは顕智本との異同を見ておきたい。五十八首の後、顕智本では「愚禿述懐」の表題があり、続いて「疑惑罪過」二十二首が置かれている。文明本より一首少なく、配列も少し異なっている。さらに続いて、「愚禿悲歎述懐」の表題のもと、十一首が置かれている。この十一首は文明本の「愚禿悲歎述懐」の初めからの十一首と少しの異なりはあるものの、基本的には同じものと言える。そして、「疑惑罪過」二十二首と「愚禿悲歎述懐」十一首をまとめて、「已

上三十三首　愚禿悲歎述懐」と書かれている。これに対し文明本では、顕智本に加えて「皇太子聖徳奉讃」十一首が置かれ、「愚禿悲歎述懐」についても五首増えているのである。また、その後の「善光寺如来和讃」五首、「自然法爾の法語」、「巻尾の二首」については、文明本にのみ見られるものである。

前にも述べたように、文明本の元になる本はいまだ特定されていないが、蓮如以前に、元になるような本が伝えられていたと私は思う。たとえば、「自然法爾の法語」の前に「親鸞八十八歳御筆」とあるのは、親鸞の自署とは考えられない。書写される段階で尊敬を込めて「御筆」というように変わっていったことをうかがわせるものである。ただ、誰がどのような意図をもって編集したのかが明らかにできないので、何を言っても推測の域を出ないが、初稿本が顕智本へと展開したように、親鸞に近い門弟によって書写し伝えられてきたのではなかろうか。

また、「自然法爾の法語」は文明本に収められているだけでなく、高田専修寺に顕智の筆になる法語がある。「獲得名号自然法爾」と題されている。文字の表記のいくつかと「この法のとくのゆえにしからしむというなり。すべて、人のはじめてはからわざるなり」という一文が見られることのほかは、文明本とほとんど変わらない。というより、文明本が顕智書写の法語を元にしたと見るべきである。「獲得名号自然法爾」には、最後に「愚禿親鸞八十六歳」とあり、「正嘉二歳戊午《つちのえうま》十二月日　善法坊僧都御坊　三条トミノコウチノ御坊ニテ　聖人ニアイマヒラセテノキキカキ　ソノトキ顕智コレヲカクナリ」と記されている。顕智が『正像末和讃』を書写したのは、「正応三年庚寅《かのえとら》九月五日」との奥書から一二九〇年であったことが分かるが、顕智本にこの法語は収められていない。とすれば、顕智本と顕智書写の「獲得名号自然法爾」が合わせて伝えられる中で、文明本のもとになる『正像末和讃』が出来上がっていったとも考えられる。

「仏智疑惑和讃」と「愚禿悲歎述懐」

さて、「仏智疑惑和讃」と「愚禿悲歎述懐」について、今すこし尋ねておきたい。顕智本には、「草本云　正嘉二歳九月廿四日　親鸞八十六歳」と記されている。「草本」、つまりまだ完成までには至っていなくても、少なくとも親鸞八十六歳の時点で、『正像末和讃』は顕智によって書写された形にまではなっていたのである。それが変遷を経て、文明本にまでなっていったに違いない。「仏智疑惑和讃」と「愚禿悲歎述懐」にはどんな意図が込められているのであろうか。

顕智本では仏智疑惑の罪過を歌った後に、次のように述べられている。

仏智ウタカフ　ツミトカノ　フカキコトヲアラハセリ　コレヲ　ヘンチケマン　タイシヤウナント、イフナリ

「仏智を疑う罪や過失が深いことをあらわした。これを辺地、懈慢、胎生などという」と言われている。仏の教えを聞きながら、いかに信ずることが難しいか。疑う罪が深いか。またそれによって、真実に迷いを超えることができず、仮の仏土にとどまることが語られているのである。これは元は『大経』下巻に説かれるところであり、親鸞も『教行信証』「化身土巻」において、詳しく述べている。『大経』では「胎生」という言葉を中心に説かれているが、親鸞は更に辺地、懈慢、疑城胎宮などの語をもって述べている。「辺地」は憬興《きょうごう》の『無量寿経連義述文賛』に、「懈慢」は懐感《えかん》の『釈浄土群疑論』に出るものである。先人の釈に依りながら、『大経』の課題を展開させていることが分かる。

気をつけなければいけないのは、「疑惑」と言っても、単純に疑っているという意味ではない。本当に深い疑惑は、信じているつもりで実は疑っているという問題である。たとえば、「仏智疑惑和讃」の第一首目を見てみよう。

不了仏智のしるしには　如来の諸智を疑惑して

罪福信じ善本を　たのめば辺地にとまるなり

ここに取り上げられる「不了仏智」、仏智をさとらないとは、浄土の教えを外から批判している者を指してはいない。むしろ阿弥陀の浄土に生まれたいと願い求めている者である。しかし、浄土に生まれることを願う心根が、罪福を信じているのである。罪福を信ずるとは、自分にとって善いことと悪いことを分け、善いことを望み、悪いことを取り除こうとする在り方である。そのため、ただ念仏で誰もが平等に助かると聞いても信ずることができず、「善本をたのむ」のである。いわば、自らが積み上げた善根を当てにして助かっていこうとするのである。助かるということについて自分の中にすでに答えがあるのである。これは仏の教えを聞いたと言えるであろうか。浄土の教えに全く触れていないわけではないが、阿弥陀仏の本願のこころを疑っていると言わざるを得ない。念仏一つを勧める仏の智慧よりも、自分の予断や思い込みを優先しているのである。結果として、「辺地にとまる」と言われるように、浄土の辺《ほとり》、端っこにとどまる。もちろん端っことは譬喩的表現であって、実体的な空間や場所を意味しない。浄土に触れていないわけではないが、浄土の中心には触れていないという意味である。いわば、浄土をもって一切衆生を救おうとする仏の願いに遇っていないのである。

仏智の不思議をたのむ

親鸞はここに仏の教えに遇うことの難しさを端的に示している。それは教えが難しいのではない。教えに頷けない衆生の側の問題である。そして、教えに遇えないとどうなっていくかを、「七宝の獄にぞいましむる」「大慈大悲はえざりけり」「三宝を見聞せざるゆえ　有情利益はさらになし」「みずから過咎《かく》をなさしめて　もろもろの厄をうくるなり」「三宝の慈悲にはなれたり」などと厳しく呼びかけている。ここには、仏智疑惑が単に個人の問題ではなく、つながりを生きている「有情」としての問題であることが見据えられている。仏智を疑うとは、自らの見解に執われ、有情としての事実が見えないのである。そのためお互いに傷つけ合う在り方を離れられないのである。本人は教えを聞いているつもりであっても、仏法僧の三宝を見聞しないのである。その在り方を超えさせようとして、親鸞は「仏智疑惑和讃」の最後に、次のように呼びかける。

仏智うたがうつみふかし　この心《しん》おもいしるならば
　くゆるこころをむねとして　仏智の不思議をたのむべし
　已上二十三首仏（智）不思議の弥陀の御ちかいをうたがうつみとがを
　　しらせんとあらわせるなり

仏智を疑う罪が深いことを思い知る、そこに今までの在り方を悔いることが起こる。その悔いる心を根拠として仏智の不思議をたのめ、との呼びかけである。『大経』に戻れば、もしこの衆生、その本《もと》の罪を識《し》りて深く自ら悔責《けしやく》してかの処を離れんと求めば、すなわち意のごとくなることを得て、無量寿仏の所《みもと》に往詣《おうげい》して恭《く》敬《ぎよう》供養せん。

と説かれている。先にも述べたように仏智疑惑は単に信じられないという疑いではない。信じているつもりの者が陥る疑惑である。それ故、気づくことははなはだ難しい。しかし、難しいといって放っておくわけにはいかない。それ故、親鸞も繰り返し呼びかけ続けたのである。「うたがうつみとがをしらせんとあらわせるなり」という親鸞の意に思いを致しながら、読まねばならない。

虚仮不実の我が身

「愚禿悲歎述懐」は、顕智本では「疑惑罪過」二十二首と「愚禿悲歎述懐」十一首がまとめて「已上三十三首　愚禿悲歎述懐」と書かれている。つまり、仏智疑惑からの展開として「愚禿悲歎述懐」があったことが分かる。仏智疑惑は決して個人の問題にはとどまらない。関係を生きている人間においては、必ず他との関わりの問題として形をとってくる。そのことを親鸞は自らが生きている「世」の問題として悲歎していくのである。その際、自分を横に置いて傍観者として語るのではない。もしそうであれば悲歎ではなく、批評にすぎない。どこまでも我が世の問題として、自らの在り方も含んでの悲歎である。その第一首目は次の言葉から始まる。

浄土真宗に帰すれども　真実の心《しん》はありがたし
虚仮《こけ》不実のわが身にて　清浄の心もさらになし
（愚禿悲歎述懐1）

ここには教えに出遇って明らかになった我が身が「虚仮不実のわが身」と見据えられている。「帰すれども」は「帰するけれども」という逆説の語である。しかし、実際には教えに帰するからこそ真実の心も清浄の心もまったくないことが知らされるのである。もしも、八十六歳になった親鸞でもそうなのかと考えるとすれば、その根には仏法を長年聞き続ければ、虚仮不実でなくなっていくような予想があるからである。親鸞はそうではなかった。虚仮不実であるからこそ、念仏を申し、教えを聞き続けなければならない我が身であると決着していたのである。それが後には、「無慚無愧《むざんむき》のこの身」「小慈小悲もなき身」とも語られている。このような我が身が見据えられているからこそ、世の有り様を悲しむことにつながるのである。

かなしきかなや道俗の　良時吉日えらばしめ
天神地祇《てんじんじぎ》をあがめつつ　卜占祭祀《ぼくせんさいし》つとめとす
（愚禿悲歎述懐8）

かなしきかなやこのごろの　和国の道俗みなともに
仏教の威儀をもととして　天地の鬼神を尊敬《そんきょう》す
（愚禿悲歎述懐11）

出家・在家を問わず、道俗ともに仏教のすがたを取りながら、中身は仏教でなくなっている、これを「かなしきかなや」と親鸞は言う。決して頭ごなしの批判ではない。「悲しいことである」との悲歎である。それは単に人に向かって呼びかけている言葉ではない。自身を含めての悲歎である。それは親鸞がみずから聞き続けていた、弥陀、釈尊、七高僧からの呼びかけであったに違いない。

五　太子和讃をめぐって

聖徳太子奉讃

文明本『正像末和讃』の末尾に「皇太子聖徳奉讃」十一首が置かれていることはすでに触れた。ただ、親鸞における聖徳太子の讃仰はそれ以前から見られる。書き残されているものを年代順に並べてみよう。

「皇太子聖徳奉讃」七十五首　建長七年乙卯《きのとう》十一月晦日「愚禿親鸞八十三歳書之」

「大日本国粟散《ぞくさん》王聖徳太子奉讃」百十四首　康元二歳丁巳《ひのとみ》二月三十日「愚禿親鸞八十五歳」

「上宮太子御記《ぎょき》」正嘉元年五月十一日　親鸞八十五歳

「皇太子聖徳奉讃」十一首　正嘉二年以降

まず七十五首「皇太子聖徳奉讃」は、親鸞の真蹟、つまり自筆がいくつか断簡として残っている。また、まとまったものとしては、高田の真仏《しんぶつ》と顕智の書写本と、少し時代は下がるが覚如の書写本がある。内容としては『四天王寺御手印縁起』『日本三宝感通集《にっぽんさんぼうかんづうしゅう》』『聖徳太子伝暦』『文松子伝』『十七条憲法』などに基づいて聖徳太子の行実を歌ったものである。

百十四首の「大日本国粟散王聖徳太子奉讃」は、江戸時代の転写本であるが、覚如と蓮如の書写本が残っている。また満性寺（愛知県岡崎市）に伝えられる写本は一首抜けているが、室町時代の写本として信頼されるものである。内容としては源為憲《みなもとためのり》の『三宝《さんぼう》絵《え》詞《ことば》』を元として、太子の行実を歌っている。もっとも、『三宝絵詞』は『聖徳太子伝暦』に基づいて聖徳太子の説話をまとめたものであるので、『伝暦』の用語がそのまま和讃に出ている所も見られる。

「上宮太子御記」は『三宝絵詞』から聖徳太子についての文を抜き出し、それに『日本三宝感通集』と『文松子伝』の文を加えて作成された聖徳太子伝である。百十四首の和讃が作成された三カ月後であり、内容的にも重なる点が多い。親鸞の自筆本は伝存せず、覚如の書写という奥書をもつものが西本願寺に伝えられるのみである。撰者についても、これまで様々な説が出されたが、現在は親鸞自身がまとめたものと見る意見に落ち着いてきている。

これらと対比すると、十一首の「皇太子聖徳奉讃」は、聖徳太子の行実を伝記に基づいて述べるものではないことが分かる。和国の教主としての太子を讃仰することに主眼があり、その恩徳に報いることを勧めている。また太子の伝記類には直接見ることができない、「仏智不思議の誓願に　すすめいれしめたまいてぞ」とか「和国の有情をあわれみて　如来の悲願を弘宣せり」といった阿弥陀仏の本願を弘められたことを歌っている。これは、太子の行実というよりも、聖徳太子が日本仏教において果たした仕事を阿弥陀仏の本願のはたらきと重ねて受けとめているものと言える。この意味で十一首の「皇太子聖徳奉讃」は、前の三つを踏まえながらも、太子の仕事を総括したものということができる。

聖徳太子との関わり

そもそも親鸞にとって聖徳太子はどのような意味をもっていたのであろうか。また、どうしてこれほど多くの和讃を製作したのであろうか。親鸞と太子との関わりについては早くには「親鸞夢記」が伝えるように、十九歳の時磯長《しなが》の聖徳太子廟への参籠がある。三日三晩の参籠だったが、九月十四日の晩に次の夢告を得たと伝えられる。

我三尊化塵沙界　日域大乗相応地
諦聴諦聴我教令　汝命根応十余歳
命終速入清浄土　善信善信真菩薩

伝説的な要素を多分にもっているとは言え、当時の親鸞の課題が集約的に語られている。一つには「日域大乗相応地」という語に表われているように、誰もが迷いを超えていくことのできる大乗の仏道が求められていたこと。二つには「汝命根応十余歳」という語が示すように、自らの限りある命を見据えながら、仏道修行に励んでいたこと。そして「真菩薩」という語からは、真に自利利他を満足する菩薩の在り方が憶念されていたこと、などが考えられる。特に聖徳太子の廟所にまで足を運んだということは、比叡山に身を置きながらも、出家の修行者としての道に疑問を抱えていたことを示唆している。在家の信者として仏教に生きた聖徳太子の生き方に学びたいことがあったからこその参籠であったに違いない。

また二十九歳の時に比叡山を下りて百日間の参籠をしたのも、聖徳太子の建立と伝えられる六角堂であった。参籠を始めて九十五日の暁、具体的には四月五日の夜、寅の時に、六角堂の救世菩薩から次のような夢告を得る。

行者宿報設女犯　我成玉女身被犯
一生之間能荘厳　臨終引導生極楽

従来「女犯偈《にょぼんげ》」と呼ばれることが多く、当時の親鸞が性欲の問題に悩んでいたと考えて、この夢告によって親鸞は解放されたと解釈されてきた。もちろん、出家の修行者にとって不淫戒は大切な定めであるが、この夢告によって不淫戒から解放されたと見るのは短絡的である。それならば、単に自分の欲望を是認してくれる道があったということに過ぎない。あまりにも都合のよい、個人的欲望を満たす話ではなかろうか。偈文には「宿報《しゅくほう》」という言葉がある通り、過去からの無数の因縁により、たとえ女犯することになったとしても、ということが大事な意味をもっている。親鸞で言えば、比叡山に登って修行する道が開けたのはさまざまな縁が整っていたからであった。男に生まれ、文字を読める家柄に育ち、修行に耐えられる体が与えられた。どれ一つをとっても自分で作ったものではない。逆に、女に生まれ、文字と縁をもたない家に育ち、修行に耐えられない体であったならば、仏道を歩むこともできなかったであろう。とすれば、この夢告はどんな宿報をもって生きる者にも平等に成り立つ仏道があることを明らかにするものであったに違いない。その意味では、「宿報偈」と呼ぶ方が親鸞の課題をよく表わすと思われる。ちなみにこの「宿報偈」については、親鸞の自筆が高田専修寺に現存している。また、親鸞滅後に書かれた御影であるが、熊皮に安座していることでその名がある「熊皮の御影」には、右上に「宿報偈」の四句が記されている。親鸞の門弟達の間にも、この偈文が大切に受けとめ伝えられていたことが知られる。

「和国の教主」

聖徳太子は在家の生活の中、さらには政治に関わる中、仏教に生きた人であった。しかも、生き方の違いを問わずに、誰の上にも平等に成り立つ仏道を明らかにした。それはまさに観音菩薩の慈悲が具体的に現れたものであった。

救世観音大菩薩　聖徳皇《しようとくおう》と示現して
多多《たた》のごとくすてずして　阿摩《あま》のごとくにそいたまう　（皇太子聖徳奉讃2）

「多多のごとく」「阿摩のごとく」と言われるように、あたかも父母のような慈悲を親鸞は聖徳太子に仰いでいたことがうかがえる。

さらに、日本の国に仏教がもたらされたことに関して、親鸞は大きな恩徳を感じている。たとえば、七十五首和讃の冒頭は、

日本国帰命聖徳太子　仏法弘興《ぐこう》の恩ふかし
有情救済の慈悲ひろし　奉讃不退ならしめよ

と歌われ、また百十四首和讃の冒頭にも、

和国の教主聖徳皇　広大恩徳謝しがたし

一心に帰命したてまつり　奉讃不退ならしめよ

と歌われている通りである。「和国の教主」、すなわち日本の国に出られた釈尊とまで仰いでいる。ここには、聖徳太子がましまさなかったならば、日本の国に生きる者は仏教に遇うことができなかったという思いが流れている。このことは、『尊号真像銘文』においても、わざわざ聖徳太子の一段をおいて讃仰していることにもうかがえる。『尊号真像銘文』は広本と略本の二本が残されており、ともに親鸞自筆である。そして八十三歳の奥書をもつ略本が大きく増やされ八十六歳の時の広本となっている。聖徳太子の事跡を述べる銘文については、広本に展開する中で加えられた部分であり、この当時の親鸞の関心が垣間見える。少し長くなるが、引用してみよう。

『尊号真像銘文』

皇太子聖徳の御銘文

「御縁起曰　百済国聖明王太子阿佐礼曰　敬礼救世大慈観音菩薩　妙教流通　東方日本国　四十九歳伝燈演説」文

「新羅国　聖人日羅礼曰　敬礼救世観音大菩薩　伝燈東方粟散王」文

「御縁起曰《ごえんぎわつ》」というは、聖徳太子の御縁起なり。「百済国《はくさいこく》」というは、聖徳太子、さきの世にうまれさせたまいたりけるくにの名なり。「聖明王《せいめいおう》」というは、百済国に太子のわたらせたまいたりけるときのそのくにの王の名なり。「太子《たいし》阿《あ》佐《さ》礼《らい》曰《わつ》」というは、聖明王の太子のななり。聖徳太子をこいしたいかなしみまいらせて、御かたちを金銅にて、いまいらせたりけるを、この和国に聖徳太子うまれてわたらせたまうとききまいらせて、聖明王、わがこの阿佐太子を勅使として、金銅の救世観音《くせかんのん》の像をおくりまいらせしとき、礼《らい》しまいらすとして誦《じゅ》せる文なり。「敬礼《きょうらい》救世大慈観音菩薩」

ともうしけり。「妙教《みょうきょう》流《る》通《ず》東方日本国」ともうすは、上宮太子《じょうぐたいし》仏法をこの和国につたえひろめおわしますとなり。「四十九歳」というは、上宮太子は四十九歳までぞ、この和国にわたらせたまわんずると、阿佐太子もうしけり。おくられたまえる金剛の救世菩薩は天王寺の金堂にわたらせたまうなり。「伝燈演説」というは、伝燈は仏法をともしびにたとえたるなり。演説は上宮太子、仏教をときひろめましますべしと阿佐太子もうしけり。また、新羅国《しんらこく》より上宮太子をこいしたいまいらせて、日羅《にちら》ともうす聖人きたりて、聖徳太子を礼したてまつりてもうさく、「敬礼救世観音大菩薩」ともうすは、聖徳太子は救世観音にておわしますと礼しまいらせけり。「伝燈東方」ともうすは、仏法をともしびにたとえて、東方ともうすは、この和国に仏教のともしびをつたえおわしますと、日羅もうしけり。「粟《ぞく》散王《さんおう》」ともうすは、このくにはきわめて小国なりという。粟散というは、あわつぶをちらせるがごとくちいさきくにの王と聖徳太子のならせたまいたるともうしけるなり。

一つ目の銘文は百済国の阿佐太子が日本に仏法を伝え広める聖徳太子の徳をほめたものであり、聖徳太子が百済国からわたってきたことが述べられている。二つ目の銘文は新羅国から日羅という聖人が来て、日本に仏法の灯を伝えた聖徳太子を救世観音と仰いだことが述べられている。いずれも日本に仏法がもたらされたのは聖徳太子によることを確かめるものである。

親鸞にとって真実の仏道との出遇いは法然上人によってもたらされたことは、これまでも述べてきた通りである。しかし、その法然を生み出したのは日本に仏法の土壌があったからであり、その仏法を伝えた聖徳太子への恩徳が晩年になればなるほど強くなっていることがうかがえる。その恩徳への謝念がおびただしい数の太子讃仰の和讃となっているのである。ただ、これは親鸞の個人的な喜びにとどまるものではない。自分にまで伝わってきた仏道の歴史への謝念であり、その歴史に自らも連なっていこうとする表現である。さらに言えば、聖徳太子を仰ぐすべての人々に対しても、聖徳太子の願いの中心がどこにあるかを呼びかけるものであった。この意味で、最後にまとめられた十一首の

「皇太子聖徳奉讃」は聖徳太子に対する親鸞の絶唱であるといってよいのではなかろうか。

第四章　「消息」に見える門弟との関わり

一　各消息集の性格

親鸞の書簡

この章では親鸞の消息を通して、親鸞と門弟たちとの関わりについて見ていきたい。現存する親鸞の消息は四十三通を数える（『親鸞書簡集』法藏館を参照）。そのうち、親鸞の自筆は十一通であり、専修寺に七通、西本願寺に三通、東本願寺に一通が蔵されている。他は、書写されて伝えられてきたものである。宛名や年月日が明記されていないものも多いが、内容を見ていくと基本的には京都に帰って以降、関東の門弟に宛てて書かれたことが分かる。ちなみに、最も早い年紀をもつのは建長三年（親鸞七十九歳）のもので、最後は文応元年（親鸞八十八歳）のものである。

前にも述べたように、「消息」は一通一通が具体的な状況に対して、明確な宛先をもって書かれたものである。そのため、書き手である親鸞も相手の顔を思い浮かべながら書いたに違いない。近しい間柄であれば構えることなく語りかけるように書いたこともあったと思われる。このあたりは、不特定多数の読者を想定した他の著作とは性格を異にしている。

消息は、一通一通が独立して書かれたものであり、一括りの著作と見ることは適当ではない。ただ、受け取った門弟がまとめて保管してきたと思われ、それが後に集められて一書と成っているものや、意図をもって編纂された消息集がある。現在、伝わっている親鸞の消息集は以下の通りである。重複して収められているものもあるので、合計すると六十二通となる。

『親鸞聖人御消息集』（広本）十八通
『御消息集』（善性本）七通
『親鸞聖人血脈文集』五通
『末燈鈔』二十二通

『親鸞聖人御消息集』（略本）十通

各消息集の特質

まず、『親鸞聖人御消息集』（広本）は愛知県岡崎市の妙源寺に鎌倉末期の写本が伝えられる。ただ、全体の三分の一ほどの断簡が現存しているのみである。全体が知られるのは京都の永福寺にある室町中期の写本で、他に西本願寺に室町末期の写本がある。編集者と成立の時期については明確ではないが、収められている消息を見ると、関東の門弟たちの混乱の様子が伝わってくる。一つには門弟内部での念仏をめぐる意見の対立、もう一つは周囲からの念仏弾圧をめぐっての対応、大きくはこの二つの混乱があった。混乱を静めるために親鸞は善鸞を関東に遣わすが、それがかえって混乱を深めたことも分かる。別に伝えられる善鸞義絶状との関連も見て行く必要があるが、この消息集は善鸞事件をふまえながら、関東の混乱を治めていこうとする意図のもとに編まれていると考えられる。

この消息集と対極にあると言ってもよいのが、『末燈鈔』である。本願寺を創建した覚如の二男である従覚が編集したもので、正慶二（一三三三）年四月に成ったものである。ただ、原本は現存しておらず、覚如の弟子である乗専が書写した本が最古のものである。二十二通をおさめる最も大部の親鸞消息集であり、本願寺系統では広く流布して読まれてきたが、善鸞事件に関わるものは一通も収められていない。善鸞が本願寺の第二代に位置づけられる如信の父であることに配慮したものと思われる。同時に、内題に「本願寺親鸞大師御己証并辺州所々御消息等類聚鈔」と示されるように、親鸞の法語を集めるという意図のもとに編纂されたことも大きな理由である。

『御消息集』（善性本）は、専修寺に蔵されており、表紙に「釈善性」とある。善性は関東在住の親鸞の直弟で、「門侶交名牒」にも名前が見える有力な門弟である。誰が編集したかは定かではないが、善性自身か、あるいは善性に近い人が、親鸞滅後まもない頃に集めたと推測されている。『末燈鈔』に収められているものもあるが、成立の年代からはこの消息集が先であり、ここにしか見られない消息もあり、独自の系統をもつと考えられる。また、慶信の質問とそれに対する親鸞の回答を合わせて収めていることや、親鸞常随の門弟であった蓮位の添状も収録するなど、親鸞とのやり取りの原型を見ることができることは特徴的である。

『親鸞聖人血脈文集』は、関東の門弟を代表する性信宛の消息を中心にまとめられているもので、性信に宛てた善鸞義絶状も収められている。また、第四通の次には法然・親鸞の流罪をめぐっての記録や、法然・親鸞・性信と伝持された本尊の銘文のことを記している。慶西宛のものもあるが、慶西は性信と近い関係にあったと推測される。これらのことから、この消息集は「血脈」という題号にも表われている通り、法然・親鸞と伝持された仏法を性信が正しく受け継いでいることを確かめようとする意図をもって編纂されたと考えられる。成立時代を確定することは難しいが、性信の横曾根門徒が本願寺創建の時代に、本願寺に対立した唯善に与したとされ、その際に従来の地位を保っていく必要があったからと推測するならば、唯善事件後つまり延慶二（一三〇九）年以降のことと考えられる。原本は現存せず、室町末期の写本として伝えられた富山の専琳寺本を更に写した大谷大学蔵本、また恵空の書写本がある。

『親鸞聖人御消息集』（略本）は『親鸞聖人御消息集』（広本）の十八通の中から『末燈鈔』と重複する八通を省略したものである。すでに流布していた『末燈鈔』に加えて親鸞の消息を読んでいくものとして刊行されたと考えられ、元禄二年の版本が最も古い。後に『真宗法要』や『仮名聖教』などに収められて流布することとなった。すべてが「広本」に収められているので、ここでは「広本」に含めて考えたい。

これらの消息集に含まれないものは「拾遺」と呼ばれて、一まとめにされることもあるが、先にも述べたように、一通ずつ独立して、個別に伝えられてきたものである。その中には、「いやおんな譲り状」と呼ばれる書付のたぐいもある。その一々について詳しく触れることはできないが、どの消息集にも収められなかったことの意味を考える必要があることだけは指摘しておきたい。

今ひとつ消息集について特徴を触れておくならば、残されている親鸞自筆の消息は平仮名で書かれている。これに対して、消息集は例外なく片仮名が用いられていることである。これは先人がすでに指摘していることであるが、親鸞自身は呼びかけるように平易に書いているが、門弟が書写する段階では親鸞の法語として位置づけたことが考えられる。特に『末燈鈔』にはその意図が顕著に見られることは先にも触れたとおりである。消息から聖教への変化を物語るものとみておきたい。

二　消息と法語

法語としての消息文

親鸞の消息は「消息集」としてまとめられることを通して、後世に伝わってきている。親鸞が生涯にどれだけの消息を書いたのかは分からないが、「消息集」に収められずに散逸してしまったものもあると思われる。どの消息を収めるかはそれぞれの「消息集」編纂者の意図に依っており、手許にあったもの、あるいは書したものをすべて収めたということではなかったように思う。そこには書簡ということを超えて、法語として読んでいこうとする姿勢が感じられる。親鸞にとっても、単なる私信としてではなく、多くの人々に読んでほしいという思いをもって書いたものがあったことが分かる。たとえば、次の言葉などはそれをよく示している。

この文をもちて、鹿島《かしま》・行方《なめかた》・南庄《みなみのしよう》、いずかたにもこれにこころざしおわしまさんひとには、おなじ御こころによみきかせたまうべくそうろう。

あなかしこ、あなかしこ。

誰に宛てたのか個人名は記されていないが、「建長四年壬子《みずのえね》八月十九日」の年紀をもち、親鸞が八十歳のときのものである。ここに「よみきかせたまうべくそうろう」とある通り、宛てた人に対して他の人々にも読み聞かせてほしいと頼んでいる。かなり長文の消息であるが、内容を冒頭から見ておこう。『末燈鈔』にも収められているが、今は『親鸞聖人御消息集』（広本）第一通にしたがって見ていく。

『親鸞聖人消息集』第一通

かたがたよりの御こころざしのものども、かずのままに、たしかにたまわりてそうろう。明教坊《みょうきょうぼう》ののぼられてそうろうこと、まことにありがたきことにそうろう。かたがたの御こころざし、もうしつくしがとうそうろう。明法御坊《みょうほうのおんぼう》の往生のこと、おどろきもうすべきにはあらねども、かえすがえすうれしうそうろう。鹿島《かしま》・行方《なめかた》・奥郡《おうぐん》、かようの往生ねがわせたまうひとびとの、みなの御よろこびにてそうろう。また、ひらつかの入道殿の御往生とききそうろうこそ、かえすがえす、もうすにかぎりなくおぼえそうらえ。めでたさ、もうしつくすべくもそうらわず。おのおの、いよいよみな、往生は一定《いちじょう》とおぼしめすべし。

「かたがたよりの御こころざしのもの」というのは関東から親鸞に届けられた懇志を意味している。「かずのままに、たしかにたまわりてそうろう」とあるのは、書付に記された通りに間違いなく受け取ったということであろう。それらを京にのぼって親鸞に届けたのが「明教坊」である。明教坊は「門侶交名牒」に依れば、常陸国の乗信の門下と奥州大網の如信の門下に名前が見える。

親鸞の孫弟子に当たり、京都まで物資を運ぶ役を担ったのである。親鸞は明教坊がのぼってきたことを喜ぶとともに、方々からの懇志に対して謝礼をまず述べている。このような懇志によって親鸞の在京生活が支えられていたであろうことは、他のいくつかの消息によってもうかがえる。

「護念坊のたよりに、教念御坊より、銭二百文、御こころざしのもの、たまわりてそうろう」
「御こころざしの銭五貫文、十一月九日にたまわりてそうろう」
「また、御こころざしのぜに三百文、たしかにたしかにかしこまりて、たまわりて候う」

現在と貨幣価値は異なるが、一千文が一貫であり、それが米一石に相当したと言われる。一石はだいたい大人一人が一年に食べる量とされるから、かなりの届け物があったことが分かる。それを受け取った礼が親鸞の消息には散見される。文字通り礼状である。ただ、親鸞の消息はそれだけにとどまらない。第一通に戻るならば、明教坊は関東からの報せをもたらした。「明法御坊の往生のこと」である。

明法坊の往生

明法坊とは親鸞が関東で念仏の教えを広め始めた時に、それを快く思わなかった在地の山伏であったと伝えられる。覚如の『親鸞伝絵』には、親鸞を殺そうと付け狙うもその思いを果たすことができず、逆に親鸞に帰依することとなった経緯が物語としてまとめられている。また「交名牒」には常陸国の直弟として出ている。

その明法坊が往生したというのは、具体的には命終したことを語っているが、単に命終＝往生と考えてはならない。それは別の消息にも「明法の御坊の、往生の本意とげておわしましそうろう」という言葉も見えるように、往生を願っていた者がその本意をとげたという意味をもっている。換言すれば、阿弥陀仏の浄土への往生を願ったこともない者が、命終したからといって往生をとげたとは言わないのである。また、浄土を願ったこともない人が、命終すれば浄土に生まれると言われれば、「そんなことは頼んでいない」と言って怒り出すかもしれない。あくまでも、日頃から阿弥陀の浄土に帰ることを願っていた人が、その本意を遂げたという意味で読まねばならない。

親鸞は明法坊の往生を「鹿島・行方・奥郡、かようの往生ねがわせたまうひとびとの、みなの御よろこびにてそうろう」と述べている。親鸞にとっての喜びであるだけでなく、鹿島・行方・奥郡の往生を願う人々の喜びであるというのである。また合わせて、「ひらつかの入道殿の御往生」についても触れている。この時に明教坊より伝え聞いたものと思われる。「ひらつかの入道」については、時代は下るが『大谷遺跡録』「龍頭山善福寺記」の項に、建長三年三月十二日に六十歳で往生の素懐を遂げたことが伝えられている。その平塚の入道の往生については親鸞は「めでたさ、もうしつくすべくもそうらわず」とまで述べている。めでたいことだと言うのである。そして、遺された人々に対しては、「おのおの、いよいよみな、往生は一定とおぼしめすべし」と語り、阿弥陀仏の浄土に往生していくことを間違いないとお思いになってくださいと語る。先に往生を遂げた人の生き方を通して、自身がどのように命を終えていくのか、阿弥陀の浄土に生まれようと願っているのかということを確かめているのである。

往生の異義の蔓延

このように明法坊や平塚の入道の往生に関して親鸞がここまで語るのは、関東において往生について様々な異義が起こっていたことが背景にある。それについては、第一通の中で続いて明かされている。第一通の続きを見よう。

さりながらも、往生をねがわせたまうひとびとの御なかにも、御こころえぬことどももそうらいき。いまもさのみこそそうろうらめと、おぼえそうろう。京にも、こころえずして、ようようにまどいおうてそうろうめり。くにぐににも、おおくきこえそうろう。法然聖人《ほうねんしょうにん》の御弟子のなかにも、われはゆゆしき学生《がくしょう》なんどと、おもいたるひとびとも、この世にはみなようように法門もいいかえて、身もまどい、ひとをもまどわして、わずらいおうてそうろうなり。

試みに訳してみると、「かつて往生を願われる人々の中にも、教えを正しく心得ないことなどもありました。現在はなおさらであろうと思われます。京都でも教えを心得ずにさまざまに惑い合っているようです。地方の国々でもそうだということが多く聞こえております。法然聖人の御弟子の中にも自分はすぐれた学者だと思う人々がいて、現在ではそれぞれが勝手に法門を言い換えて、自らも惑い、他人をも迷わせて、お互いに苦しめ傷つけ合っているのです」というのである。「愚者になりて往生す」という法然の教えに遇いながらも、自おらを立てて、賢こぶって、聞いたことを勝手に言い換えていく。結果として互いに惑い合っているのである。以前から起こっていたことが、今また起こっていることを親鸞は歎いている。この第一通で問題にされているのは、いわゆる「造悪無碍《ぞうあくむげ》」と呼ばれるものである。

「造悪無碍」

造悪無碍とは、阿弥陀仏はどんな悪人をも救ってくださるのであるから、悪事を行なっても往生の碍《さまた》げにはならないというもので、現代においても親鸞思想に対する誤解の大きなものの一つと言える。阿弥陀仏が悪人を救うというのは、人間が基本的に罪悪深重であるという人間観に立っている。今からわざわざ新しく悪事を行なうというのではない。すでにお互いに傷つけ合うという罪を造りながら生きているのである。もちろん、本人は自覚していない場合が多い。善い事、正しい事をしているつもりである。戦争の例を持ち出すまでもないが、戦争はいつも正義の名のもとに行なわれる。平和のためにと言いながら、人を殺す。怨みを晴らすために怨みの連鎖がとまらない。そのことがもつ傷ましさや愚かさに気づくことは甚だ難しい。悪人が助かるとは悪人でも助けてもらえるという話ではない。お互いに傷つけ合うことを超えられない悪人だからこそ仏によって助けられる必要があるのである。お互いに傷つけ合うことを超えていく道を教えられる必要があるのである。

親鸞の時代にも悪人が助かるということを誤解して、わざと悪事をはたらくことが起こっていた。親鸞はそのことを厳しく誡めている。第一通では次のように語られている。

煩悩具足の身なれば、こころにもまかせ、身にもすまじきことをもゆるし、口にもいうまじきことをもゆるし、こころにもおもうまじきことをもゆるして、いかにもこころのままにあるべしともうしおうてそうろうらんこそ、かえすがえす不便《ふびん》におぼえそうらえ。

煩悩具足は身の事実である。それをもって卑下する必要はないが、誇ることでもない。もし煩悩のままに生きろということであれば、仏教とは言えない。親鸞の場合、煩悩を断ち切れないという問題を抱えて比叡山を下りた。それは決して迷い傷つけ合うことを超えることを放棄したのではない。煩悩を具足しながらも煩悩に振り回されない在り方を求めてのことであった。しかし、自分で煩悩を起こさないように気をつけるというような話ではない。それが可能であれば比叡山を下りる必要はなかった。煩悩を抱えた者が煩悩に振り回されないことは如何に成り立つか。それはひとえに煩悩の痛ましさ愚かさを知らされることである。親鸞にとっての念仏は、まさに我が身の愚かさを知らされ続けていくことであった。先に挙げた、法然の「愚者になりて往生す」も、この意味である。念仏して賢くなるのではない。いよいよ愚かさを知らされるところに自分を正当化することから解放されるのである。

煩悩具足の身であるからと言って、自分の心にまかせて、煩悩のままに生きることは果たして教えを聞いていることになるだろうか。否である。そこには我が身を正当化し、我が行ないを弁明することはあっても、愚かさを知らされることが欠如している。それを親鸞は「かえすがえすも不便に思われる」と語っている。そして教えを聞くとは、実は次のような生き方を生むのである。

仏のちかいをもきき、念仏ももうして、ひさしうなりておわしまさんひとびとは、この世のあしきことをいとうしるし、この身のあしきことをいといすてんとおぼしめすしるしもそうろうべしとこそおぼえそうらえ。

阿弥陀仏の本願を聞き、念仏をもうすという生き方が久しくなっている人々は、「この世」の悪しきことを厭うというしるしがあるはずだというのである。また煩悩具足の身の悪しきことを厭い捨てようと思うしるしもあるはずだというのである。傷つけ合うことの痛ましさを教えられたならば、傷つけ合うことを超えていこうとする生き方が始まるはずだという意味に取りたい。そのような「しるし」となって具体化するのが、教えを聞くことなのである。煩悩具足の悪人が助けられる教えだと聞いて、わざと悪を行なおうとするのは、自分の行為を弁明するために教えを利用しているにすぎない。

親鸞の「造悪無碍」に対する消息は、この一通に限らない。『親鸞聖人御消息集』（広本）だけでも、第三通、第四通、第五通などが挙げられる。それほど、関東の門弟の間に「悪を為しても構わない」という誤解が起こっていたことがうかがえる。それが、初めに見た「よみきかせたまうべし」という親鸞の願いとなって現れることとなったのである。

今は一通のみを取り上げたが、親鸞の消息は単なる書簡ということにとどまらず、教えを確かめていくための法語という内容をもっている。それが後に「消息集」として残されていくことにおのずとなったのである。現在、我々はその残されたものでしか見ることはできない。推測が過ぎるかもしれないが、消息集として編纂される段階で、いわゆる私信に当たるような部分は、もしかすると故意に落とされたかもしれない。この可能性は、消息集の間で同じものを収めながら、分断されたり、一連になっていたりすることからも窺えるところである。ただ、もし親鸞の消息が書かれた当初から現在の形であったとするならば、親鸞はほとんど私事を交えずに消息を書いた人と言える。消息集を対比する中から読み取るべき課題は多い。

三　念仏弾圧の中で

念仏の本義

親鸞の消息は関東の門弟の間に起こっていた具体的な問題に応答して書かれている。先に見たのはその中の造悪無碍についてであったが、他にもいくつかにまとめることができる。今は二つを挙げておきたい。一つは有念無念であり、一つは一念多念の争いである。

有念無念のことは「広本」第八通、『末燈鈔』第一通などに見える。『末燈鈔』の言葉には「有念はすなわち、いろかたちをおもうについていうことなり。無念というは、形をこころにかけず、いろをこころにおもわずして、念もなきをいうなり。これみな聖道のおしえなり」とあるように、仏を念ずる際に、仏の形を想って念ずるのか、形を想わず、さらには念もなきことをいうのかという、念仏をめぐっての争いである。また一念多念については「広本」第六通、第八通などに見える。これは『一念多念文意』でも厳しく誡められているところであったが、要するに、念仏の回数を問題にしての争いである。いずれも念仏に対する自分の受け止めと在り方を正しいと主張する争いである。それは、どれほど念仏について真剣に論議しているつもりであっても、仏を念じているのではなく、自分を当てにしているにすぎない。「われはということをおもうてあらそうこと、ゆめゆめあるべからずそうろう」と言われる通りである。

念仏の弾圧

これらが、同じく念仏する者の中での問題とすると、もう一つ周りとの関係の中で起こっていた問題がある。それは専修念仏に対する弾圧が関東でも続いていたことが背景にある。場合によっては鎌倉幕府も巻き込んでの訴訟問題にまでなっていたことが知られる。「広本」第七通には次のように書かれている。

六月一日の御文、くわしくみそうらいぬ。さては、鎌倉にての、御うったえのようは、おろおろうけたまわりてそうろう。この御文にたがわず、うけたまわりてそうらいしに、別のことは、よもそうらわじとおもいそうらいしに、御くだりうれしくそうろう。おおかたは、このうったえのようは、御身ひとりのことにはあらずそうろう。すべて、浄土の念仏者のことなり。このようは、故聖人の御とき、この身どもの、ようようにもうされそうらいしことなり。こともあたらしきうったえにてそうろうなり。性信坊ひとりの、沙汰あるべきことにはあらず。

性信坊から届いた六月一日付の文に対する返事で、「七月九日」に書かれている。ただ、何年のことであるかは断定できない。鎌倉で念仏者が訴えられるという出来事があり、関東の門弟を代表してそれに対応した性信からの報告を受けてのもので、性信をねぎらう言葉が並んでいる。今回の訴えが決して性信一人の問題ではなく、浄土の念仏者の問題であること。また親鸞自らもかつて法然聖人のもとで弾圧に遭ったこと。だから性信が一人で処理していくものではないこと、などが述べられている。

この消息の中で興味深いのは、念仏を弾圧する者に対して親鸞がどのように考えていたかを窺える部分があることである。

念仏をとどめられそうらいしが、世にくせごとのおこりそうらいしかば、それにつけても、念仏をふかくたのみて、世のいのりにこころいれて、もうしあわせたまうべしとぞおぼえそうろう。

「念仏をとどめられそうらいし」というのは、親鸞自身が遠流に処せられた承元の法難を指していると思われる。後鳥羽上皇の院宣によって、法然の弟子四人が死罪、法然を含め八人が流罪となった、前例のない宗教弾圧であった。ところが、この事件の十四年後、後鳥羽上皇が鎌倉幕府の討伐を計るも失敗し、自身は隠岐に流罪、後鳥羽の子息であり、時の天皇であった順徳も佐渡に流される。いわゆる「承久の乱」である。親鸞はそのことを回想しながら、念仏を弾圧したことによって、「世にくせごと」つまりあるべくもない大事件が起こったという。ただ、そのことを親鸞は痛ましく思っている。普通に考えれば、自分達を弾圧した権力者が失脚したのだから、「罰が当たった、当然の報いだ」と考えてもおかしくはない。しかし、権力者の失脚によって世の中が大混乱したことを痛んでいるのである。そこに立って親鸞は「念仏をふかくたのみて、世のいのりにこころいれて、もうしあわせたまうべし」と語る。弾圧を加えた側と受けた側という対立を超えて、「世のいのり」ということを念じている。同じ消息の後の部分では、「世のなか安穏なれ、仏法ひろまれ」とまで語られる。お互いが傷つけ合っている世の中の痛ましさをどう超えていくか、ここに念仏を勧め、仏法が弘まることを願う親鸞がいる。もちろん、親鸞は弾圧の不条理を『教行信証』においては徹底して述べている。専修念仏弾圧を訴えた興福寺と、それを受けて念仏者を罰した権力者を「主上臣下、法に背き義に違し、忿を成し怨を結ぶ」と言い切っている。しかし、この消息と合わせて読むならば、決して加害者を断罪することに目的があるとは思えない。人間が傷つけ合うことを本当に超える道として、真実の仏道を掲げることに親鸞の本意があったと考えられる。

神祇・冥道をあなどらず

このような弾圧者に対する親鸞の姿勢が最もよく現れているのが、「広本」の第九通である。「念仏の人々の御中へ」という宛先が書かれ、「九月二日」の日付をもっている。建長五、六年の頃と推定される。冒頭は次の言葉から始まる。

まず、よろずの仏・菩薩をかろしめまいらせ、よろずの神祇《じんぎ》・冥道《みょうどう》をあなずりすてたてまつるともうすこと、このこと、ゆめゆめなきことなり。

「さまざまな仏や菩薩を軽んじたり、さまざまな神祇や冥道をあなどることは、決してあってはならない」と言われている。これはただ念仏を勧め神祇不拝を掲げる親鸞の思想からすれば違和感を覚える人もあるかもしれない。確かに、他の仏・菩薩にとどまらず神祇・冥道までも容認するような発言は、親鸞に多いとは言えない。それ故、この言葉をどう受けとめるかについては、先人の間でも諸説が出されている。今、その詳細には触れないが、親鸞がこのようなことを語るのには、関東の具体的な状況がある。それはこの消息の中にも「よろずの仏・菩薩をあだにもうさんは、ふかき御恩をしらずそうろうべし」と述べられているように、他の人々が崇めているものを否定したり、軽んずることが起こっていたのである。それによって、他の信仰と衝突し争うこともあったと考えられる。『歎異抄』の第十二条が伝える「諍論《じょうろん》を遠離《おんり》せよ」という呼びかけがなされる背景にも同じ問題があった。ただ、親鸞は単に衝突や争いを避けるためだけに右のようなことを言ったのではない。

自らがただ念仏一つという信に立つことと、他の人が崇めているものを否定するということはイコールではない。それを自らが信じているものだけを絶対化して他を軽んずるというのは、自己主張にすぎない。さらに言えば、本当に仏を信じているかも怪しいのである。自分の考えにだけ執着していると言ってよい。加えて、ただ念仏に出遇うには多くの諸仏・菩薩の御すすめがあったからであり、さまざまな神祇等に護られてきたことを思えば、多くの縁に感謝することはあっても、決しておろそかに思うことはないはずである。この意味で、神祇不拝という信心の明確さと、他の信仰を認めるということは矛盾するものではなく、親鸞にとっては同時のことであった。

おそらくは関東の門弟の間には、念仏の教えに出遇った喜びから、他の人々に勧めていくことも起こったであろう。その際に、相手がすでにもっている信仰を批判したり、場合によっては否定したりということもあったに違いない。また教えの優劣論争にも発展したかもしれない。それが周囲との間に軋轢を生み、念仏者に対する弾圧につながるということも起こっていたのである。

弾圧者をあわれむ

第九通に戻ろう。在地の権力者からの弾圧について親鸞は次のように語る。

詮ずるところは、そらごとをもうし、ひがごとをことにふれて、念仏のひとびとにおおせられつけて、念仏をとどめんと、ところの領家・地頭・名《みよう》主《しゆ》の御はからいどものそうろうらんこと、よくよくようあるべきことなり。

訳してみると、「結局は、本当でないことを言ったり、間違ったことを、何かにつけて念仏者のせいにして、念仏をとどめようとして、土地の領家や地頭や名主がはからっておられるのも、よほど理由のあることなのです」と。「ようある」とは、念仏をとどめようと取り締まる者にも理由があるというのである。それを親鸞は『目連所問経』の文と善導の『法事讃』の文を引いた上で、「この世のならい」と言い切る。つまり、念仏の大事さは世間にはなかなか伝わらず、かえって念仏する人を見て腹を立てることすらある、それが世のならいであるという。それをすでに釈尊が説いてくださっていること、善導も解釈していることから、弾圧がおこったからといって、改めて驚くなと言うのである。この消息では「とかくもうすべきにあらず」と書かれている。そして続いて次のように言う。

念仏せんひとびとは、かのさまたげをなさんひとをば、あわれみをなし、不便《ふびん》におもうて、念仏をもねんごろにもうして、さまたげなさんを、たすけさせたまうべしとこそ、ふるきひとはもうされそうらいしか。よくよく御たずねあるべきことなり。

「ふるきひと」とはおそらくは師法然を憶念していると思われるが、「念仏もうす人々は念仏にさまたげをなす人をあわれみをなし、かわいそうに思って、念仏をねんごろに申して、さまたげなす人をおたすけなされよとの言葉をよくよくおたずねください」と述べている。いわば、「弾圧者をあわれめ」というのである。これについて「弾圧者の方が劣っている」という見解もあるが私は、この表現は決して念仏者が上で弾圧者が下だというような比較の意味を込めたものではなく、文字通り弾圧する者をもあわれむべきであるという意に取りたい。それは、「ようあるべき」と述べられているように、弾圧者には弾圧を加える「よう」、つまり理由があるからである。それに対して親鸞は「あわれめ」と言うのである。

開かれた出遇い

親鸞は「世のならい」と述べているだけだが、私なりに推測を加えれば、在地の権力者にはそれぞれの立場がある。その立場に立って役務に当たるのは当然である。だから権力者が念仏をとどめないといけないように見える行ないは慎まなければならない。造悪無碍を標榜したり、他者が崇めているものを軽んじてはならないのである。さらに言えば、彼らは念仏の大事さに出遇っていない。だから念仏について理解していなくても無理はない。しかも、念仏との出遇いは縁による。親鸞で言えば、師法然との出遇いが決定的であった。それを自分の素質や才能や努力の結果とは言わない。どこまでも「たまたま」と語るのが親鸞である。だからこそ、誰の上にも出遇いの可能性は開かれている。親鸞はそう考えていたに違いない。たまたま縁を頂いて念仏に出遇えた者は、まだ出遇っていない人にも念仏が伝わるように念仏申していくことが大切である。それが師法然から教えられていることである。親鸞はそう言っているように思われる。

第九通は、一見すると周囲との軋轢《あつれき》の中で苦悩する人々に向かって、世間との巧みな対応について語る消息に思われる。しかし、「弾圧者をあわれめ」という言葉の意味を尋ねるならば、念仏する者の使命を確かめる内容をもっている。末尾に見える次の言葉は何よりもそのことをよく物語っている。

弥陀の御ちかいに、もうあいがたくしてあいまいらせて、仏恩を報じまいらせんとこそおぼしめすべきに、念仏をとどめらるることに沙汰しなされてそうろうらんこそ、かえすがえすこころえずそうろう。あさましきことにそうろう。

値遇《ちぐう》し難い弥陀の本願に遇うたならば、その仏恩に報ずるのが何よりも大切なのである。念仏をとどめられるような行ないをすることとは全く理解できないことである。あさましいことである、とまで述べている。専修念仏を取り巻く環境がそれほど熾烈であったことを窺わせる。しかし、そうであるからこそ、念仏に対する誤解を生むような行動は慎まなければならないのである。それは念仏申すことの大事さを人々に伝えていくためであり、それこそが仏恩に報いていくことであると親鸞は語っているのである。

四　親鸞にとっての善鸞義絶

善鸞（慈信坊）宛消息

関東の門弟の混乱に対して親鸞は息子の善鸞（慈信坊）を関東に派遣している。それがいつのことであるかは断定できないが、関東の慈信坊に宛てた消息と慈信坊に関わっての消息が『御消息集』（広本）に伝えられている（以下、この節では「慈信」の名で統一したい。親鸞の消息の中には一度も「善鸞」の名が用いられていないことに由る）。造悪無碍を誡《いまし》める消息が建長四年の年紀をもつから、それより後に慈信が関東に下向していると考えれば、親鸞八十一歳以降のものと考えられる。そして、義絶の消息は建長八年の五月、親鸞八十四歳の時であるから、それまでの間に出されたものであることは間違いない。

慈信に宛てたものは「広本」の第十通と第十一通である。第十通は、信願坊という人が造悪無碍を主張している様子や念仏者に対する弾圧が起こっていることを知らせる慈信坊からの書状に対する返事である。前節に挙げた第九通と重なる内容をもっており、「九月二日」という日付も同じであるから、同時に出されたものと思われる。慈信の関東での活動に方向を指し示そうとする内容であり、慈信への期待が読み取れる。特に注意されることとして、追伸の中で外からの弾圧によって仏法は破られないことが述べられている。

領家・地頭・名主のひがごとすればとて、百姓をまどわすことはそうらわぬぞかし。仏法をばやぶるひとなし。仏法者のやぶるにたとえたるには、「師子の身中《みのうち》の虫の師子をくらうがごとし」とそうらえば、念仏者をば仏法者のやぶりさまたげそうろうなり。よくよくこころえたまうべし。

仏法を破るのは世俗の権力ではない。仏法者、つまり仏法を知ったつもりの者が仏法を壊していくのである。第九通と重なる内容をもちながらも、ここまで追伸で書かねばならなかったということは、慈信から届いた書状には、世俗の権力とどう向き合うかということに腐心する言葉が並んでいたことが推し量られる。それに対して親鸞は、自らが承元の法難をくぐってきた体験を踏まえ、世俗からの弾圧によって仏法は壊されないことを語るとともに、本当に用心しなければならないのは、仏法に関わっている者の側であることを述べている。

慈信坊への不審

ところが、第十一通になると、事態が大きく展開している。「十一月九日」の日付をもつが、年は少なくとも第十通の翌年以降であると考えられる。今は仮に親鸞八十三歳の時と推定しておきたい。義絶の前年である。これも慈信からの書状に対する返事であるが、受け取ったその日に書かれており、関東で何が起こっているのか、また何故にそうなったのか理解できないという親鸞の思いがはやる気持ちとともに示されている。

　いなかのひとびとみなとしごろ念仏せしは、いたずらにてありけりとて、かたがた、ひとびとようようにもうすなることこそ、かえすがえす不便《ふびん》のことにてきこえそうらえ。

とあるように、いなかの人々がこれまで念仏してきたことを無駄であったと言っているのは、なんとも悲しいことであると述べている。続いて、

　ようようのふみどもをかきてもてるを、いかにみなしてそうろうやらん、かえすがえすおぼつかなくそうろう。

と、念仏の教えの様々な書物を書いてもっているのをどのように見ているのであろうか、本当に頼りないことであると言う。そして、

慈信坊のくだりて、わがききたる法文《ほうもん》こそまことにてはあれ、ひごろの念仏はみないたずらごとなりとそうらえばとて、おおぶの中太郎《ちゅうたろう》のかたのひとびとは、九十なん人とかや、みな慈信坊のかたへとて、中太郎入道をすてたるとかやききそうろう。いかなるようにてさようにはそうろうぞ。

と不審をあらわにしている。つまり、慈信が「私の聞いた法文こそまことである。日頃の念仏はすべて役に立たない」と言ったことにより、大部の中太郎入道を捨てて九十人以上の人が慈信のもとへ走ったと聞こえてきている。どのようなことになっているのか、と問うているのである。大部の中太郎は親鸞の直弟であるが、その中太郎につきしたがって念仏の教えを聞いていた者が九十人も離れてしまったという。一体何が起こっているのか。文が届くのに一カ月以上もかかる中で、気を揉みながら問うている。

詮ずるところ、信心のさだまらざりけるときこそうろう。いかようなるこ

とにて、さほどにおおくのひとびとのたじろきそうろうらん、不便《ふびん》のよう
ときそうろう。

「結局は信心が定まっていなかったからだと思われるが、どうしてそれほど多くの人々が動揺することになったのか。悲しいことであると思われる」。問題の本質は信心が定まっていなかったことにあると親鸞は言う。しかしながら、これまでになかったような動揺がなぜ起きたのか、その理由を知りたがっている。この後には、これまで書き送ってきた『唯信鈔』・『後世物語』・『自力他力』なども間に合わないというが、どのように勧めたのであろうかと語り、最後に「よくよくきかせたまうべし」と述べている。慈信に対する不審がにじみ出ている。

追伸には「真仏坊・性信坊・入信坊、このひとびとのこと、うけたまわりそうろう。かえすがえす、なげきおぼえそうらえども、ちからおよばずそうろう」とある。真仏坊・性信坊・入信坊はいずれも親鸞が信頼を置く有力な門弟

であるが、慈信からの書状には、それらの人々に対する批判も書かれていたに違いない。

義絶状

このような状況に決着をつけるために出されたのが義絶状である。門弟を代表して性信に宛てたものと、慈信（善鸞）本人に宛てたものがそれぞれ一通ずつ残されている。ただ、親鸞の真筆ではないため、捏造ではないかとする見解もあるが、これまで見てきた流れから事実であったことは疑う余地はない。性信宛のものは『血脈文集』の第二通に収められており、「五月廿九日」の日付をもつ。また慈信宛のものは顕智の書写になるものが高田専修寺に蔵されている。同じく「五月廿九日」の日付をもつ。顕智の写本には「建長八年」の覚書もあり、これらが親鸞八十四歳の時に書かれたことが分かる。慈信を義絶したことを内外に告げることが主目的であるが、内容を見れば慈信がどのようなことを主張していたのかということがよく分かる。他の消息に出るものも含めて、まとめれば以下のようになる。

・人には隠して、親鸞がひそかに慈信一人に法文を教えた（慈信宛、性信宛）
・これまでの親鸞の教えはそらごとであると言いふらした（慈信宛、性信宛）
・第十八の本願をしぼんだ花にたとえてすてさせた（慈信宛、性信宛）
・常陸の人を損ぜよと親鸞が教えた（慈信宛）
・余の人々を頼りとして念仏を広めよということ（真浄坊宛）

親鸞はこれらが全く根拠のないことだと言い切っている。そして慈信宛の義絶状には、教えを謗《そし》ったことは「謗法《ほうぼう》罪」、人を損じたことは「破僧罪」、親にそらごとを言いつけたことは「父を殺す」五逆罪、とまで述べている。親鸞は自分の名代として関東に送った慈信が、関東の混乱を静めるどころか、かえって混乱を甚だしくしたことに大いに落胆したに違いない。しかし、それは単に親子の感情というような問題ではなく、同じ念仏の教えを聞く者の間で対立して、結果として念仏の教えが見失われていくという問題であった。一方、慈信にとってみれば、関東の人々の間に入っていくには、まず人々の信頼を得る必要があったに違いない。「自分ひとりが親鸞からひそかに聞いた教えがある」とまで言わなければならなかったのは、関東の人々になかなか認めてもらえなかったことを逆に物語っている。それ故、親鸞の子であることを利用して周囲の人々の気持ちを惹きつけようとしたのである。その状況を聞き知った親鸞は、慈信を義絶することによって、慈信が親鸞の子であるという立場を利用することを断ち切ったのである。八十四歳の親鸞が五十歳前後の息子を義絶しなければならないというのは、感情から言えば忍びがたい苦渋の決断であったに違いない。ただ、関東の混乱状況を放っておくことは親鸞にはできなかったであろう。

人に依らず、仏法に依る

義絶状との前後関係は断定できないが、「広本」の第十二通に収められる真浄坊宛の消息は慈信の言うことによって動揺した門弟達に対して、問題の本質を総括するような内容をもつ。「正月九日」の日付があるが、内容から考えると義絶の後というより、義絶状が出される前と見る方が妥当と思われる。義絶状の約四カ月前のものと見ておきたい。最後にこの消息に触れておく。

念仏に対する弾圧が強まる中、真浄の在所では、念仏もうして生活していくことが難しくなっていたようである。それに対して親鸞は、「そのところの縁つきておわしましそうらわば、いずれのところにても、うつらせたまいそうろうておわしますように御はからいそうろうべし」と述べ、一つの場所にとらわれる必要はないと語っている。また、慈信によって人々の心が変わってしまったことを歎くとともに、念仏が広まるのは仏の力であるから、人の力を当てにしてはならないことを確認している。その上で、今回の出来事がいかなることであったかを総括している。

奥郡《おうぐん》のひとびと、慈信坊にすかされて、信心みなうかれおうておわしましそうろうなること、かえすがえすあわれにかなしうおぼえそうろう。これもひとびとをすかしもうしたるようにきこえそうろうこと、かえすがえすあさましくおぼえそうろう。それも日ごろひとびとの信のさだまらずそうらいけることの、あらわれてきこえそうろう。かえすがえす、不便にそうらいけり。慈信坊がもうすことによりて、ひとびとの日ごろの信のたじろきおうておわしましそうろうも、詮ずるところは、ひとびとの信心のまことならぬことのあらわれてそうろう。よきことにてそうろう。それを、ひとびとは、これよりもうしたるようにおぼしめしおうてそうろうこそ、あさましくそうらえ。

奥郡の人々が慈信によってだまされたことを、親鸞は繰り返し「かえすがえすあわれにかなしうおぼえそうろう」「かえすがえすあさましくおぼえそうろう」「かえすがえす、不便にそうらいけり」と述べている。しかしながら、たとえ慈信が親鸞の子であることを利用して語りかけてきたとしても、本当に何を信ずるかが明確であれば、慈信の誘いには乗らなかったはずである。結局は「ひとびとの信心のまことならぬことのあらわれてそうろう」、つまり信心がまことでなかったことが表われてきたのである。それを親鸞は「よきことにてそうろう」と言う。悲しい出来事ではあるが、よかったと言うのである。

仏法に依ると言いながら、人にすがってしまう。これは釈尊以来の仏教における大きな問題である。仏教はどこまでも仏が明らかにされた法によって苦しみから解放される教えである。釈尊が救うのではない。法によって救われるのである。ましてや釈尊以外の者については措いて言う必要がない。にもかかわらず、「慈信ほどのもの」が言うことに浮かれてしまったのである。親鸞にとっては、今まで語ってきたことは何だったのか、これまで書き送ってきた書物は無駄だったと痛感したに違いない。しかし、その思いを超えて「よきことにてそうろう』」と言う。信心がたじろいだこと、動揺したことによって、かえって何を信じているのかを確かめ、いよいよ念仏を拠り所としていく機会なのである。それが「よきこと」と言われる理由である。

それでは、親鸞自身にとって慈信の義絶とはどのようなことであっただろうか。義絶をして一段落がついたというような話では決してなかった。実際問題からすれば、関東の混乱が元にあって慈信を遣わしたのである。その慈信が混乱に拍車をかけることになったわけであるが、義絶をしたからと言って関東の混乱が治まるわけではない。親鸞の心には様々な思いが動いたに違いない。親とすれば、息子を送ったことを後悔する気持ちもあったかもしれない。また、慈信の今後についての心配も湧き起こったであろう。関東の人々の様子も気がかりであったろう。そして、何よりも念仏の教えが正しく伝わっていくかどうかという不安もあったに違いない。

かつて、松原祐善氏は一九八〇（昭和五十五）年度の大谷派夏安居《げあんご》における『正像末和讃講讃』において、「夢告讃」の背景に慈信房善鸞の義絶があったことを指摘した。夢告讃の内容を基に、義絶と夢告讃との関連を尋ねたのである。夢告讃については、第三章において触れたが、親鸞八十五歳の二月九日のものである。

弥陀の本願信ずべし　本願信ずるひとはみな
　摂取不捨の利益にて　無上覚をばさとるなり

初稿本では「この和讃を、ゆめにおおせをかぶりて、うれしさにかきつけまいらせたるなり」(原文はすべて片仮名)とまで記されている。内容的には、すでに親鸞自ら『教行信証』をはじめとして種々の著作で述べていることである。それを「うれしさにかきつけ」たのは、改めて聞きなおしたということではなかろうか。建長八年の五月に慈信を義絶してから八カ月あまりが過ぎている。この間、親鸞は建長八年七月に『浄土論註』に加点、また十月から十一月にかけて『西方指南抄』を書写している。更に明けて一月の一日と二日にも書写および校合を行なっている。いわば、先人の言葉に改めて尋ねていく親鸞の姿が見られる。

『西方指南抄』は法然の言行録である。誰がまとめたものであるかについては諸説があるが、私は親鸞が自ら多くの資料をもとに一本にしたと考えている。八十五歳になった親鸞が改めて師である法然の言葉や行実をまとめていることの意味は大きい。今、ここでは「夢告讃」に先立って、法然の言葉に聞いている親鸞があったことのみに注意しておきたい。

想像をたくましくすれば、慈信を遣わした際に親鸞には期待があったに違いない。慈信なら関東の混乱を何とかしてくれるのではないかという期待である。期待がない者を遣わすはずはない。しかし、その期待は外れた。裏切られたと言った方がよい。そのことを通じて明らかになったのは、人間の力を当てにしていた自分自身であった。もちろん、関東の混乱に対し、手を拱いて何もしないのが良かったという意味ではない。ただ、人間の力で超えていくことのできないほど現実は重かったのである。親鸞は今後のことを思う時、何ができるのかと立ちすくむほかなかったのではなかろうか。そんな中で、法然の言葉を書き記し、憶念する中で改めて聞こえてきたのが、夢告讃であったに違いない。

この意味では、慈信も含め、あらゆる人々が迷いを超えて無上の覚りを得ていくことができるのは「弥陀の本願信ずべし」という一点にあることを確かめているのが、この夢告讃である。このように、苦悶を通していよいよ本願の確かさにうなずいていった。これが親鸞にとっての慈信房の義絶であった。

五　消息に見える「往生」

「往生」の二つの意味内容

最後に、消息において往生という語がどのように用いられているかに触れておきたい。というのは、親鸞の往生観を考える際に、消息での用語例を押さえておく必要があるからである。すでに和語の著作について触れたように、親鸞は往生を語る際に「即得往生」という語に注意し、現生の利益に重きを置いていた。『唯信鈔文意』や『一念多念文意』においていくつかの例を挙げた通りである。また和讃においても、「現世利益和讃」を作り、「この世の利益」について繰り返し語っていた。しかしながら、消息を開くとき、この世の寿命を終えていくことを往生として語る部分が散見される。それはどんな意図によるのだろうか。現生の利益を語ることとの間に矛盾はないのだろうか。

消息での往生の用語例を見ておきたい。先にも引用したが、明法坊が往生したという知らせを受けた返書には次のように語られていた。『御消息集』（広本）の第二通である。

明法の御坊の御往生のことを、まのあたりにききそうろうもうれしくそうろう。

ここには明法坊が寿命を終えて往生したという趣旨で「往生」が用いられている。同じく第三通でも、

明法の御坊の、往生の本意とげておわしましそうろうこそ、常陸の国中のこれにこころざしおわしますひとびとの御ために、めでたきことにてそうらえ。

とあり、浄土往生を願っていた明法坊が、その本意を遂げたことを喜んでいる。また同じ第三通には「順次の往生」という言葉も見える。文字通り、この生の次の生を意味する「順次生」における往生が述べられている。この「順次生」は、親鸞が語った言葉を聞きとめた『歎異抄』にも出ている（第五条）。それは、親鸞が日頃の会話の中でも「順次生」と語っていたことをうかがわせる。

また、『御消息集』（善性本）第四通には、次のように述べられている。

浄土へ往生するまでは、不退のくらいにておわしまし候えば、正定聚のくらいとなづけておわします事にて候うなり。

「不退のくらい」「正定聚のくらい」が現生の利益として語られている手紙の一節である。ここに「浄土に往生するまでは」という言葉がある通り、現生の利益は「浄土に往生するまで」のことであることが分かる。つまり、往生が命終において果たされることを意味している。このことは、また『末燈鈔』第一通の次の言葉にも当てはまる。

真実信心の行人は、摂取不捨のゆえに、正定聚のくらいに住す。このゆえに、臨終まつことなし、来迎たのむことなし。信心のさだまるとき、往生またさだまるなり。

臨終の儀式を整えたり、仏の来迎をあてにしたり、そこに救いを期待する在り方に対し、親鸞ははっきりと「臨終まつことなし、来迎たのむことなし」と述べる。そして、「信心のさだまるとき、往生またさだまるなり」と、信心が定まることと往生が定まることが同時であると述べている。現在の一念の信心に重きを置く非常に明確な主張である。注意すべきは、ここでも「往生またさだまる」と言われており、往生することが定まったという趣旨である。決して浄土往生を遂げたという意味には読めない。これらの用語例を見る時、往生は基本的には命終の後に遂げるという趣旨が浮かび上がってくる。しかし、もう一方で親鸞は次のようにも述べる。『御消息集』（善性本）第五通の言葉である。

光明寺の和尚の『般舟讃』には、「信心の人はその心すでに浄土に居す」と釈し給えり。居すというは、浄土に、信心の人のこころ、つねにいたりというこころなり。これは弥勒とおなじくということを申すなり。

善導の『般舟讃』の言葉に依りながら、信心の人のこころは浄土に居ることが明らかに示されている。つまり、信心が定まるならば、その人の心はすでに浄土に居ると言われている。もちろん、往生を遂げたとは書かれていない。しかし、「すでに浄土に居す」という言葉からは、浄土が命終えて後に生まれていく世界だとは言われていない。現在の人生に関わって語られていることは明らかである。

現生か死後か？

このように見てくると、消息の中で「往生」という語が、命終えて浄土に生まれていく意味で用いられている場合と、信心において得る利益の内容を語る場合と、二つあることが分かる。この辺りが、親鸞の往生思想を尋ねる際によく問題となる点である。往生は現生のことなのか、それとも往生は死後なのか、そんな二者択一的な議論も多い。また、『教行信証』などを優先して、消息に出る表現を軽んずる見解が出されることもある。しかし、親鸞自身に両方の表現があることをまず確認することから始めなければならない。そして、消息の中だけでも両方の表現があるのである。その上で、現生の利益が強調されることの意味を尋ねるとともに、命終における往生が語られることの意味を尋ねていく必要がある。

煩悩具足の身をもって娑婆世界にある者が、もうすでに往生したとは言えない。「私はすでに往生して浄土にいます」とは誰も言えまい。しかし、だからと言って、往生は死んだ後の話だと言ってしまっては、現実の人生に浄土は何の関わりもないことになる。大切なのは、命終えて浄土に往生すると言われていても、決して他世界に生まれ変わっていくという話ではない。もし他世界を実体的に想定するならば、それは輪廻を繰り返すことであり、流転の延長にすぎない。もう二度と迷いを繰り返さないことが決まるのが「往生さだまる」ことである。そして往生が定まるところに、現在の人生に大きな変化が起こることを親鸞は語ろうとしているのである。

誤解を恐れずにあえて言い切るならば、往生を遂げるのはこの身の寿命が尽きる時である。しかし、どこに向かう人生であるかが決まるのは信心さだまる時である。信心さだまる時にどのような生き方が開かれるのか、それを親鸞は現生の利益として強調しているのである。阿弥陀の浄土を願うとは、死後の救済を期待することではない。阿弥陀の浄土を一番大切なこととして生きることが決まるのである。それはあくまでも現在のことであり、決して死ぬ瞬間に決まるのではない。それを意味するのが、先に挙げた「臨終まつことなし」や

「来迎たのむことなし」という親鸞の言葉である。

「浄土にてまつ」

『末燈鈔』第十二通は、次の言葉で結ばれている。

この身はいまはとしきわまりてそうらえば、さだめてさきだちて往生しそうらわんずれば、浄土にてかならずかならずまちまいらせそうろうべし。あなかしこ、あなかしこ。

関東の有阿弥陀仏《うあみだぶつ》に宛てて書かれたものであるが、年老いた親鸞が、あまり先が長くないことを予感しながら、語っている。「さきだちて往生しそうらわんずれば」とは、私はあなたより先に浄土に往生を遂げていくであろう、と告げている。そして「浄土にてかならずかならずまちまいらせそうろうべし」と語る。ここにはどんな思いが込められているだろうか。死後に他世界へ生まれ変わっていくことを語っているのではない。ましてや、実体的な別世界で待っているという話ではない。日頃から念じてきた阿弥陀の世界にいよいよ帰るときが来たという思いを述べているのである。後に残る人にも、阿弥陀の浄土に帰ることを呼びかける言葉である。先立つ自分に続いて、阿弥陀の浄土を願ってほしいという呼びかけの言葉である。繰り返しになるが、決して死後に生まれ変わることを語っているのではない。この言葉に触れる者にとっては、何を拠り所として生きるのか、どこに向かって生きるのかという問いかけなのである。

この意味で、親鸞とともに生活し、親鸞の言葉をよく聞いていた恵信尼が残している言葉は、実に親鸞の呼びかけと符合している。『恵信尼消息』第十通の次の言葉である。

わが身は極楽へただ今に参り候わんずれ。なに事も暗からずみそなわしまいらすべく候えば、かまえて御念仏申させ給いて、極楽へ参り合わせ給うべし。

訳すならば、「私は今にも極楽に参るでありましょう。極楽はどんなことも暗くない、御覧になれる世界でありますから、ぜひとも御念仏を申されて、ともどもに極楽に参り合わせてください」となる。現存する最後の手紙であり、八十七歳の時に書かれている。年老いた恵信尼が、四十四歳になる覚信尼に対して呼びかけている言葉である。恵信尼自身が極楽に参る生き方をしてきたことを意味するとともに、後に残る人にも極楽に参るような生き方を呼びかけているのである。これが親鸞の「浄土にてかならず待つ」という言葉を聞いた者の頷き方ではなかろうか。親鸞の教えが具体的にはたらいていたことがよくうかがえる。

おわりに

親鸞の教化という課題について、親鸞の和文の著作を中心に尋ねてきた。特徴的なことは、どこを取り上げてみても、教化者親鸞という姿が目につかないということである。親鸞自身がどこまでも教えを聞く者としての立場を動かない。関係を生きている中で起こってくる問題についても、教えに立ち帰って確かめようという姿勢が見えてくる。

よく「相手の立場に立って考える」ということが言われる。本当に相手の立場に立つことができるのであれば、素晴らしいことである。ところが実際には、立っているつもりということがほとんどではなかろうか。それは相手の立場にまで降りていくという意識をはらんでおり、初めから自分が一段高いところに居ると言わねばならない。

親鸞は法然上人に出遇った人である。「愚者になりて往生す」という言葉を聞きとどめた人である。そこからいよいよ見えてきたのは、愚者である事実を忘れて慢心に陥る自分の姿であった。文明本の『正像末和讃』の末尾には次の二首が置かれている。親鸞最晩年の歌である。

よしあしの文字《もんじ》をもしらぬひとはみな　まことのこころなりけるを
善悪《ぜんまく》の字しりがおは　おおそらごとのかたちなり
是非しらず邪正《じゃしょう》もわかぬ　このみなり
小慈小悲もなけれども　名利《みょうり》に人師《にんし》をこのむなり

「愚者になりて」という師の教えの前に身を置き続けたからこそ見えた我が身の姿である。しかし、それ故にいよいよ本願の教えに立ち帰ることの大事さを知っていたのである。念仏すれば問題が消えて無くなるのではない。問題を作り出す自分が明確になったからこそ念仏せずにはおれないのである。周りの人々と、ともに念仏する者として生きた親鸞によって、私たちの歩むべき道がすでに示されていると思う。

親鸞の著作には阿弥陀仏とその浄土、それを勧める釈尊をはじめ七高僧、その讃嘆がどこをとってもあふれている。同時にその根には我が身に対する懺悔とこの世を傷む悲歎とが流れている。その姿に学び教えられた人が現在まで親鸞の教えを伝えてきたのである。改めて先人の言葉を憶う。「人は、教えよう教えようとする人からは教えられない。教えに学んでいる人の姿から教えられるのである」と。

親鸞の教化が実際に親鸞の教えを受けとめた人達にどのように響いていたかについては『歎異抄』や『恵信尼消息』、さらには他の門弟たちの遺した文書、更には語り伝えてきた言葉によって尋ねていくべきであるが、本書の役割を超えているので、ここで筆を擱《お》きたい。

文庫化にあたって

本書は、㈱筑摩書房より刊行された『シリーズ親鸞』のうち、第五巻「親鸞の教化―和語聖教の世界―」を文庫化したものです。

『シリーズ親鸞』は、二〇一一年、真宗大谷派（東本願寺）が厳修《ごんしゅう》した「宗祖親鸞聖人七百五十回御遠忌」を記念して、宗派が筑摩書房の協力を得て出版したものです。シリーズの刊行にあたり、監修を務めた小川一乗氏は、

いま、現代社会に向かって広く「浄土真宗」を開示しようとするのは、宗祖親鸞聖人によって顕《あきら》かにされた「浄土真宗」こそが、今日の社会が直面している人間中心主義の闇を照らし出し、物質文明の繁栄の底に深刻化している人類生存の危機を克服する時機相応の教えであるとの信念に立っているからです。本書を通して一人でも多くの方が、親鸞聖人の教えである「浄土真宗」に出遇っていただき、称名念仏する者となってくださる機縁となりますことを念願しています。

このシリーズは、執筆者各々が役割分担して「浄土真宗」を明らかにしたいと企画されました。そのために、担当する文献や課題を各巻ごとに振り分けて、それぞれを主題として執筆されています。それによって、引用される文献や史資料が各巻にわたって重複することを少なくし、「浄土真宗」の全体が系統的に提示されるようにいたしました。（中略）『シリーズ親鸞』は学術書ではありません。学問的な裏付けを大切にしつつも、読みやすい文章表現になるよう努めました。

と述べています。今回の文庫化にあたっては、その願いを引き継ぎ、さらに多くの方々に手にとってお読みいただけるよう、各執筆者の方々に若干の加筆・修正をお願いいたしました。本書を機縁として、一人でも多くの方が「浄土真宗」に出遇っていただけることを願っています。

最後になりましたが、文庫化にあたってご協力をいただいた㈱筑摩書房様、また、発行をご快諾いただきました著者の一楽真氏には厚く御礼申しあげます。

二〇一七年五月　　東本願寺出版

一楽　真（いちらく　まこと）

1957（昭和32）年生まれ。大谷大学卒。現在、大谷大学教授。専門は真宗学。著書『親鸞聖人に学ぶ―真宗入門』『この世を生きる念仏の教え』（以上、東本願寺出版）、『四十八願概説―法蔵菩薩の願いに聞く』『大無量寿経講義―尊者阿難、座より立ち』（以上、文栄堂）、『日本人のこころの言葉　蓮如』（創元社）など。

親鸞《しんらん》の教化《きょうけ》—和語《わご》聖教《しょうぎょう》の世界《せかい》—

2017（平成29）年７月31日　第１刷発行

著　　者　一楽　真
発 行 者　但馬　弘
編集発行　東本願寺出版（真宗大谷派宗務所出版部）
〒600-8505　京都市下京区烏丸通七条上る
TEL　075-371-9189（販売）
075-371-5099（編集）
FAX　075-371-9211
印刷・製本　株式会社京富士印刷
装　　幀　株式会社アンクル

ISBN978-4-8341-0562-9　C0115
©Makoto Ichiraku 2017 Printed in Japan

インターネットでの書籍のお求めは　東本願寺出版　検索
真宗大谷派（東本願寺）ホームページ　真宗大谷派　検索

乱丁・落丁本の場合はお取り替えいたします。
本書を無断で転載・複製することは、著作権法上での例外を除き禁じられています。